Alice Nabie

A técnica de mapas mentais e o seu efeito no desempenho em ecologia

Alice Nabie

A técnica de mapas mentais e o seu efeito no desempenho em ecologia

ScienciaScripts

Cover image: www.ingimage.com

This book is a translation from the original published under ISBN 978-3-659-87636-3.

Publisher:
Sciencia Scripts
is a trademark of
Dodo Books Indian Ocean Ltd. and OmniScriptum S.R.L publishing group

120 High Road, East Finchley, London, N2 9ED, United Kingdom
Str. Armeneasca 28/1, office 1, Chisinau MD-2012, Republic of Moldova, Europe
Managing Directors: Ieva Konstantinova, Victoria Ursu
info@omniscriptum.com

Printed at: see last page
ISBN: 978-620-8-63750-7

Índice:

DEDICAÇÃO

Dedico esta tese à minha mãe, Mary Nabie, pela sua paixão pela educação e pelo seu encorajamento, que lançou as bases da minha vida académica.

RECONHECIMENTO

Em primeiro lugar e acima de tudo, quero agradecer a Deus Todo-Poderoso pelo seu grande favor, dom da vida, sabedoria e conhecimento que me permitiram chegar até aqui. Os meus agradecimentos especiais vão para os meus supervisores, Prof. Owiti Dickson e Sr. Edome Peter, pela sua orientação, encorajamento e paciência ao longo do estudo. Estou muito grato ao presidente do departamento de Educação Matemática e Científica, Dr. Aurah Catherine, bem como a todos os professores do departamento, pelos alicerces concretos que lançaram na minha vida académica e pela sua inestimável orientação e assistência ao longo deste estudo. Gostaria também de agradecer ao diretor da minha escola, Sr. Shavisa Tom, aos meus colegas estudantes Matalanga Wycliffe e Rebecca Ayiti, e aos meus colegas professores da Kaimosi boys pelo seu encorajamento. Por último, mas não menos importante, gostaria de agradecer sinceramente ao meu marido, Sr. Makamu Sylvester, aos meus filhos Mercy, Joan, Evans e Kevin pelo seu apoio e encorajamento ao longo do estudo.

RESUMO

Apesar dos esforços do governo do Quénia e de outras partes interessadas no sentido de disponibilizar recursos, o desempenho em biologia no exame do certificado do ensino secundário do Quénia tem sido consistentemente baixo. O Governo do Quénia, em colaboração com a Agência de Cooperação Internacional do Japão, iniciou e financiou fortemente projectos nacionais, como o Strengthening of Mathematics and Science Education (Reforço do ensino da matemática e das ciências), a fim de assegurar a formação em serviço dos professores para melhorar a pedagogia da biologia e de outras disciplinas científicas. Os estudos revelam que este programa teve um impacto mínimo nas práticas dos professores na sala de aula e nos resultados dos alunos. De acordo com os relatórios do Conselho Nacional de Exames do Quénia, a ecologia é um dos temas com pior desempenho ao longo dos anos, com a maioria dos candidatos a revelar concepções erradas e uma aplicação inadequada de termos e conceitos ecológicos. O objetivo deste estudo foi investigar o efeito da incorporação da técnica de mapas mentais no processo de ensino-aprendizagem sobre o desempenho académico dos estudantes em ecologia e, consequentemente, em biologia como disciplina. O estudo também visou estabelecer o efeito da técnica de mapeamento mental na atitude dos alunos em relação aos conceitos ecológicos e no desempenho por género. O estudo adoptou um modelo quase experimental não equivalente de pré-teste e pós-teste. Foi utilizado o método de amostragem aleatória estratificada para selecionar duas escolas secundárias do condado e dez escolas secundárias do sub-condado de Hamisi, que foram depois distribuídas por grupos experimentais e de controlo através do método de amostragem aleatória simples. Cada uma das escolas selecionadas forneceu uma turma do terceiro ano para o estudo, perfazendo um total de quatrocentos e oitenta alunos. Aos alunos de ambos os grupos foram ensinados conceitos selecionados de ecologia utilizando os métodos convencionais. Foi administrado um pré-teste de aproveitamento em biologia e os resultados do teste foram registados. Ao grupo experimental foi ensinado outro conjunto de conceitos de ecologia selecionados, utilizando a técnica de mapas mentais, enquanto ao grupo de controlo foram ensinados os mesmos conceitos utilizando métodos convencionais. Foi administrado um pós-teste de realização em biologia a ambos os grupos e as pontuações foram registadas para cada grupo. A fiabilidade e a validade do instrumento foram estabelecidas pelo coeficiente de correlação do momento do produto de spearman em duas escolas-piloto. Foram aplicados questionários aos alunos e professores das turmas experimentais. As pontuações e as respostas dos questionários foram analisadas descritivamente e inferencialmente utilizando medidas de tendência central e o teste t. Os resultados do estudo mostraram que a técnica de mapas mentais resultou em pontuações mais elevadas dos alunos no teste de realização sobre ecologia. Revelou também que os estudantes consideraram os mapas mentais interessantes e úteis para o estudo pessoal. O estudo recomenda que as instituições de formação de professores, o Instituto de Desenvolvimento Curricular do Quénia e os professores de biologia adoptem a técnica de mapas mentais como componente do processo de ensino/aprendizagem nas escolas secundárias do Quénia.

CAPÍTULO 1
CONTEXTO DO PROBLEMA

1.1 Introdução

Este capítulo trata dos antecedentes do estudo, do enunciado do problema, do objetivo do estudo e do significado do estudo. Também aponta os pressupostos sob os quais o estudo foi realizado, as limitações, o âmbito do estudo e o quadro concetual.

1.2 Antecedentes do estudo

A biologia é um ramo da ciência que se ocupa da vida. A nível do ensino secundário, a biologia lida com a maioria dos aspectos da vida humana, tornando imperativo que os objectivos estabelecidos sejam alcançados de forma satisfatória. O sucesso em biologia não só permite aos alunos competir favoravelmente em carreiras como a medicina, mas também integrar-se e ser membros úteis da sociedade. Enquanto a biologia, enquanto disciplina, constitui uma base para abordar os problemas ambientais, a ecologia trata da forma como os organismos funcionam em harmonia com o ambiente físico não vivo e é importante para lidar com a natureza e o ambiente de uma forma responsável (Abimbola, 2013). Abimbola (2013) afirma que nenhuma planta ou animal é independente do seu ambiente. Por conseguinte, a compreensão dos conceitos de ecologia é um pré-requisito para um elevado desempenho no ensino da biologia (Chimoita, 2014). O Quénia está entre os cento e oitenta e nove países que assinaram a declaração do milénio em 2000, uma indicação do compromisso de reduzir a pobreza extrema através da criação de um ambiente propício ao desenvolvimento. A declaração tinha oito objectivos que ofereceriam uma grande oportunidade para abordar o bem-estar humano em todo o mundo e especialmente no mundo em desenvolvimento. De acordo com o relatório sobre a situação dos ODM no Quénia (2009), um dos principais objectivos da declaração consistia em garantir a sustentabilidade ambiental, com vista a reduzir a perda de biodiversidade, integrar os princípios do desenvolvimento sustentável nas políticas e programas do país e inverter a perda de recursos ambientais. Consequentemente, a visão 2030 do Quénia (2007), um quadro político nacional a longo prazo, foi lançada em 2008 para transformar o Quénia numa economia de rendimento médio recentemente industrializada e proporcionar uma elevada qualidade de vida a todos os seus cidadãos até 2030 num ambiente limpo e seguro. A visão pretendia cumprir os Objectivos de Desenvolvimento do Milénio (ODM) para os quenianos e tornar o Quénia globalmente competitivo e próspero com uma elevada qualidade de vida até 2030. A visão para o ambiente: "pessoas que vivem num ambiente claro, seguro e sustentável", tal como consta de um relatório sobre o desenvolvimento sustentável no Quénia (2012, p32), foi inspirada pelo princípio do desenvolvimento sustentável e pela necessidade de equidade no acesso aos benefícios de um ambiente limpo, na Declaração do Milénio. As estratégias definidas para alcançar esta visão incluíam a conservação dos recursos naturais, a gestão da poluição e dos resíduos e o planeamento e a governação ambientais. A concretização destas estratégias tem como base a ecologia no ensino secundário. A ecologia fornece informações básicas sobre a conservação, a poluição, a gestão dos resíduos e as inter-relações no ambiente, lançando as bases para a realização dos ODM sobre a sustentabilidade ambiental e a visão 2030 para o ambiente.

Apesar da importância da ecologia acima referida, os alunos continuam a ter um fraco desempenho nos testes de ecologia (Ugulu, 2008). O baixo desempenho em ecologia é global. De acordo com os relatórios do Conselho de Exames da África Ocidental (WAEC) de 1998-2000, a ecologia é um dos conceitos mais difíceis tanto para os professores como para os alunos. O relatório dos examinadores sobre ecologia revelou que os alunos têm um fraco aproveitamento em ecologia (WAEC, 2004). Sander (2006) observou que um dos obstáculos ao ensino da ecologia é o facto de existirem muitas incertezas quanto à forma como certos conceitos, factos e termos devem ser entendidos. Este facto é visível nos livros de texto, onde as terminologias têm definições e implicações variadas, causando confusão entre os estudantes. Esta situação resultou num elevado número de equívocos e numa fraca compreensão dos conceitos de ecologia, contribuindo para o baixo desempenho consistente na disciplina de biologia. A análise documental dos padrões e tendências de desempenho na disciplina de biologia pelo Conselho Nacional de Exames do Quénia (KNEC, 2005) revelou que, embora a biologia como disciplina fosse apreciada pela maioria dos estudantes, a classificação na disciplina continua abaixo das expectativas. A situação não é diferente nas escolas do subcondado de Hamisi, como mostra o quadro 1.1 abaixo,

QUADRO 1.1: Desempenho no KCSE no sub-condado de Hamisi nos últimos 5 anos

ANO	2010	2011	2012	2013	2014
Pontuação média em Biologia	4.271	4.174	4.170	4.197	4.217
Classificação média global (KCSE)	5.468	5.4723	5.4695	5.575	5.7601

Fonte: Relatórios KNEC (2010-2014).

A partir da tabela, é evidente que a pontuação média em biologia é consistentemente inferior a 5,00, o que se traduz em D+, uma nota que indica um baixo desempenho na disciplina. Em comparação com o desempenho global do KCSE no subcondado, verifica-se que o desempenho em biologia é inferior ao desempenho global ao longo do período de cinco anos em análise. O desempenho em biologia no KCSE para os anos em análise indica claramente que um grande número de estudantes pode não ter atingido o nível básico de domínio do curso secundário de biologia. A menos que esta tendência seja invertida, as perspectivas de atingir os objectivos da Visão Quénia 2030 podem não ser alcançadas.

O relatório do Conselho Nacional de Exames do Quénia (KNEC, 2010) revelou concepções erradas e uma fraca compreensão dos conceitos ecológicos por parte dos estudantes. Adeniyi (1985) verificou que as concepções erradas que os alunos têm sobre alguns conceitos de ecologia afectam o seu desempenho geral. Vários projectos nacionais do Ministério da Educação e parceiros, como o Strengthening of Mathematics and Science in Secondary Education (SMASSE), foram iniciados e fortemente financiados pelo Governo do Quénia, em colaboração com a JICA, para assegurar a formação em serviço dos professores, a fim de melhorar a pedagogia da biologia e de outras disciplinas científicas. Apesar dos esforços do governo, o desempenho em biologia não tem sido impressionante (Owino, 2014). O SMASSE (2003) referiu que os métodos e abordagens de ensino inadequados eram as principais razões para a falta de compreensão e o fraco desempenho dos estudantes em ciências e matemática. O relatório revelou que a aprendizagem era principalmente centrada no professor e que havia falta de inovação e de competências por parte do professor. Os ambientes de ensino/aprendizagem centrados no aluno tendem a envolver os alunos na construção de conhecimentos, enquanto os ambientes centrados no professor promovem a absorção de informação (Gravoso, 2008). Resnick (1989) também referiu que "a aprendizagem ocorre não através do registo de informação, mas através da sua interpretação" (p. 2). De acordo com os psicólogos gestaltistas, a aprendizagem diz respeito ao "todo" e resulta da interação de um indivíduo com a sua situação ou ambiente. A aprendizagem ocorre, portanto, quando as pessoas selecionam informação relevante, organizam-na numa estrutura coerente e interpretam-na através do que já sabem.

Um mapa mental, um diagrama utilizado para organizar visualmente a informação, pode ser uma técnica útil que pode ajudar a aprender mais eficazmente, melhorar a forma como se regista a informação e a capacidade de recordar a informação. Para Buzan (1999), o proponente dos mapas mentais, "os esquemas tradicionais exigem que o leitor percorra a informação da esquerda para a direita e de cima para baixo, quando a preferência natural do cérebro é percorrer a página inteira de forma não linear". Os mapas mentais são diagramas radiais que incorporam cores e uma imagem. Estimulam a capacidade de visualização do cérebro, provocando assim uma enorme criatividade, melhorando as capacidades de armazenamento e de recordação. O mapeamento mental centra-se na organização da informação e melhora a concentração. Foram efectuados estudos de investigação sobre o mapeamento mental a nível mundial e os resultados revelaram que se trata de uma técnica de ensino poderosa. Um estudo realizado por Toi (2009) em crianças de Singapura revelou que o mapeamento mental aumentou a memória até 32%. Al-jarf (2009) provou que o mapeamento mental oferece uma abordagem poderosa para melhorar a capacidade dos alunos de gerar, visualizar e organizar ideias. De acordo com a teoria do processamento da informação de Gadne, a recuperação da informação depende da sua organização e apresentação na memória. O mapeamento mental pode assim proporcionar a organização e apresentação da informação no cérebro para uma recuperação eficaz. Goodnough & Woods (2002) afirmam que os mapas mentais são interessantes, motivadores e cativantes. A utilização da técnica de mapas mentais permite que todos os alunos participem ativamente na aula, levando a uma melhor compreensão dos conceitos. Budd (2004) defende a ideia de que os alunos estão envolvidos numa aprendizagem ativa quando são utilizados mapas mentais. Os mapas mentais, para além de organizarem a informação e envolverem os alunos, também melhoram a memorização dos conceitos aprendidos. A ferramenta pode, portanto, ser uma excelente técnica de ensino, cuja aplicação já deveria ter sido feita há muito tempo. No entanto, a utilização da técnica de mapas mentais tem tido pouca aplicação nas escolas secundárias do Quénia e, especificamente, no subcondado de Hamisi. Por conseguinte, este estudo investigou o efeito da incorporação da técnica de mapeamento mental no ensino da biologia sobre o desempenho dos alunos. O estudo foi realizado no sub-condado de Hamisi, no condado de Vihiga, que tem registado sistematicamente um baixo desempenho nos exames KCSE de biologia, entre outras disciplinas científicas. O principal objetivo deste estudo era confirmar ou negar os resultados da investigação acima referida sobre mapas mentais no que diz respeito ao estudo da ecologia no subcondado de Hamisi.

1.3 Declaração do problema

O desempenho em biologia tem-se mantido baixo no sub-condado de Hamisi nos últimos cinco anos (ver quadro 1.2). Ao nível do ensino secundário, a biologia lida com a maioria dos aspectos da vida humana necessários para uma vida de qualidade, mesmo para além da escola. Chimoita (2014) afirma que a ecologia é uma área pré-requisito para um bom desempenho dos alunos em biologia. A compreensão da ecologia não só permite que os alunos passem bem no exame de biologia, mas também os ajuda a manter uma biosfera mais saudável e mais produtiva para a vida dos seres humanos e outros organismos vivos. Apesar do conhecimento da importância da ecologia na biologia, continua a registar-se um elevado número de equívocos, tanto entre os professores como entre os alunos, sobre este tema (KNEC, 2010). Estas concepções erradas e a fraca compreensão dos conceitos de ecologia afectam o desempenho geral dos alunos em biologia. Isto é verdade no subcondado de Hamisi, como revelam os resultados da tabela 1.2.

QUADRO 1.2: Resultado médio do KCSE de biologia no sub-condado de Hamisi nos últimos 5 anos

ANO	2010	2011	2012	2013	2014
Pontuação média	4.271	4.174	4.170	4.197	4.217

Fonte: Relatórios KNEC 2011-2014

O desempenho dos alunos em biologia no KCSE para os cinco anos em análise na tabela 1.2 indica claramente que uma grande proporção de alunos que deixam as escolas secundárias no subcondado de Hamisi não atingem o nível básico de domínio do curso de biologia do ensino secundário. A menos que esta situação seja invertida, as perspectivas de atingir o objetivo da Visão Quénia 2030 podem não ser alcançadas.

Um inquérito realizado por Strengthening Mathematics and Science in Secondary Education (2003) revelou que os métodos e abordagens de ensino inadequados são as principais razões para a fraca compreensão e desempenho dos alunos no ensino das ciências e da matemática. Isto está de acordo com os resultados da investigação de Ajaja (2005), segundo a qual os professores de ciências continuam a ensinar ciências utilizando o método expositivo, apesar da aceitação e recomendação do método da descoberta guiada/inquérito pelos professores em cursos de formação e orientação organizados (Mochine, 2010). Sander (2006) observou que um dos obstáculos ao ensino da ecologia é o facto de existirem muitas incertezas quanto à forma como determinados conceitos, factos e termos devem ser entendidos. Isto é visível nos livros de texto, onde as terminologias têm definições e implicações variadas, causando confusão entre os estudantes. O desejo de diversificar as técnicas de ensino para melhorar a compreensão e o desempenho dos conceitos de ecologia e, por conseguinte, da biologia, é grande no subcondado de Hamisi, se os objectivos de desenvolvimento do milénio forem alcançados.

A investigação sobre o mapeamento mental revela que se trata de uma ferramenta de aprendizagem poderosa que melhora a memória e promove a aprendizagem ativa. O mapeamento mental utiliza o apelo visual através de cores e imagens, encorajando os alunos a dar sentido às ideias, construindo-as de forma significativa. Isto torna-o ideal para promover a aprendizagem ativa, fomentar a motivação, melhorar a confiança e apoiar uma gama diversificada de estilos de aprendizagem e níveis de capacidade. Era necessário verificar se isto era verdade no subcondado de Hamisi. Assim, o investigador propôs-se investigar o efeito da técnica de mapeamento mental no desempenho dos estudantes de biologia em ecologia no subcondado de Hamisi.

1.4 Objetivo do estudo

Este estudo foi concebido para investigar o efeito da técnica de mapeamento mental no desempenho dos estudantes de biologia em ecologia no sub-condado de Hamisi, no Quénia. Os resultados contribuiriam para a formulação de recomendações sobre técnicas de ensino destinadas a melhorar a transmissão de conteúdos e, por conseguinte, a promover uma aprendizagem eficaz. Também contribuirão para o conhecimento disponível sobre a pedagogia do professor.

1.5 Objectivos do estudo

Este estudo abordou os seguintes objectivos:

i) Investigar o efeito da técnica de mapeamento mental no desempenho dos estudantes de biologia em conceitos de ecologia nas escolas secundárias do sub-condado de Hamisi.

ii) Estabelecer o impacto da técnica de mapeamento mental no desempenho por género em conceitos de ecologia nas escolas secundárias do subcondado de Hamisi

iii) Avaliar o efeito da técnica de mapeamento mental na atitude dos alunos em relação aos conceitos de ecologia nas escolas secundárias do sub-condado de Hamisi.

1.6 Hipóteses do estudo

As hipóteses do estudo testadas a um valor de a=0,05 são as seguintes. As hipóteses abordavam os objectivos um e dois.

HO1: Não existe uma diferença significativa nas classificações dos testes de realização em ecologia entre os alunos ensinados utilizando a técnica de mapas mentais e os alunos ensinados utilizando técnicas convencionais.

HO2: Não há diferença significativa entre os géneros no desempenho no teste de realização de ecologia quando se utiliza a técnica de mapeamento mental em comparação com a utilização de técnicas convencionais.

1.7 Questão de investigação

A investigação foi também orientada por uma questão de investigação. A pergunta de investigação ajudou a responder ao objetivo três.

Que efeito tem a técnica de mapeamento mental na atitude dos alunos relativamente à aprendizagem de conceitos de ecologia entre os alunos do ensino secundário no subcondado de Hamisi?

1.8 Importância do estudo

Espera-se que as conclusões deste estudo ajudem os professores de biologia a diversificar as suas técnicas de ensino para melhorar a transmissão de conteúdos e, por conseguinte, para conseguir uma aprendizagem eficaz. O aluno será também ajudado a desenvolver uma compreensão profunda dos conceitos de ecologia, a melhorar a sua memória e, por extensão, o seu desempenho nos exames de biologia. Os resultados também contribuiriam para o conhecimento disponível sobre a melhoria da pedagogia dos professores, permitindo assim que o Quénia, enquanto país, produza cidadãos que sejam não só membros úteis da sociedade, mas também capazes de aplicar os conhecimentos adquiridos na concretização da visão 2030.

1.9 Pressupostos do estudo

O estudo foi realizado com base no pressuposto de que a amostra selecionada era representativa da população, que as turmas experimentais e de controlo eram equivalentes e que as escolas da amostra tinham professores de biologia com formação qualificada.

1.10 Delimitações do estudo

Esta investigação foi levada a cabo em escolas secundárias selecionadas do sub-condado de Hamisi. Os alunos e os professores de biologia presentes nas escolas selecionadas durante o estudo constituíram a amostra do estudo. Os dados foram recolhidos nas escolas da amostra e envolveram os resultados dos testes de aproveitamento para as turmas de tratamento e de controlo. Foram utilizados questionários para recolher informações sobre atitudes e outros dados dos professores e alunos selecionados. O investigador limitou-se às técnicas de mapeamento mental no ensino da ecologia nas escolas secundárias do sub-condado de Hamisi.

1.11 Limitações do estudo

As limitações deste estudo incluem a variação entre os professores em termos de competência e honestidade na correção e na adesão à técnica do mapa mental. A capacidade dos alunos e a motivação também podem ter tido um efeito nos resultados do estudo. A variação no ambiente de aprendizagem proporcionado pelas diferentes escolas pode ter interferido na implementação da técnica. O fornecimento de respostas honestas, corretas e relevantes foi também uma ameaça para o estudo. Para lidar com estas limitações, o investigador supervisionou e orientou de perto todos os professores envolvidos no estudo para minimizar as variações no processo de implementação. Foi dada uma garantia de confidencialidade da informação fornecida nos questionários aos inquiridos através dos assistentes de investigação para assegurar que os inquiridos dessem respostas corretas e relevantes. O investigador concentrou-se principalmente no ganho para minimizar o efeito das diferentes caraterísticas e ambientes dos alunos.

1.12 Quadro concetual

A aprendizagem é um processo complexo, determinado por uma série de factores que incluem, entre outros, o estilo de aprendizagem de cada aluno. Uma vez que o estilo de aprendizagem preferido é único para um aluno, uma única turma tem uma vasta gama de estilos de aprendizagem preferidos. Isto exige, portanto, que um professor utilize uma variedade de técnicas de ensino para motivar e envolver todos os alunos. Assim, é necessário adotar uma abordagem de ensino em várias etapas. Segundo os psicólogos gestaltistas, a aprendizagem intuitiva resulta da interação com as situações ou com o ambiente. O princípio da proximidade, que implica a disposição de conteúdos relacionados uns ao lado dos outros, permite uma aprendizagem perspicaz. Os mapas mentais permitem a proximidade. A informação relacionada é organizada num "todo" que permite ao aprendente visualizar claramente os conceitos como um todo. Espera-se, portanto, que a técnica de mapas mentais melhore o desempenho em situações de sala de aula.

Este estudo considerou a técnica de ensino como variável independente e as classificações num teste de aproveitamento e a mudança de atitude como variáveis dependentes. As variáveis intervenientes no estudo incluíram as qualificações dos professores, as capacidades dos alunos e o apoio da direção da escola. (Ver figura 1.1)

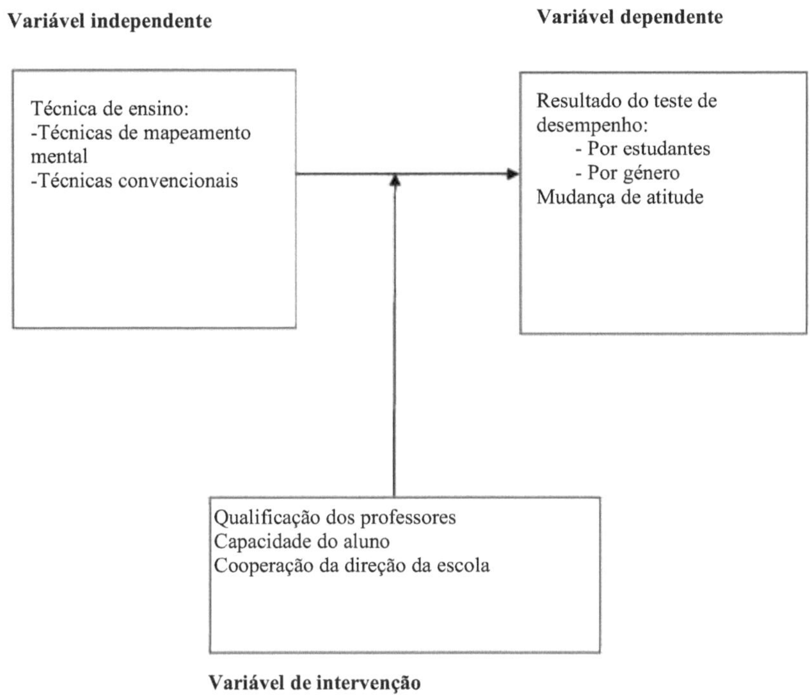

Figura 1.1 quadro concetual

1.12 Definição operacional de termos-chave

Os seguintes termos foram definidos como utilizados no estudo.

Mapa mental

Uma representação diagramática de informações sobre um único conceito desenhado radialmente, com a ideia principal central e ligada a outras ideias que se tornam menores à medida que a distância do centro aumenta.

Mapeamento mental

Uma técnica de ensino que envolve a utilização de mapas mentais no ensino e na aprendizagem.

Desempenho

Pontuação num teste de aproveitamento (sumativo ou formativo) expressa em percentagem ou média ou nota.

Qualificação dos professores

Possuir aptidões académicas e formação profissional para a docência adquirida num estabelecimento de ensino de professores.

Capacidade do aluno

O nível de aquisição de conhecimentos do aprendente a partir da instrução e de outras fontes.

Aprendizagem

Processo de aquisição de conhecimentos demonstrado através do desempenho.

Técnica convencional

As técnicas tradicionais de ensino são essencialmente centradas no professor e incluem a técnica da aula expositiva e, em pequena medida, a demonstração e a discussão.

Realização

Ganho de conhecimento a partir da instrução demonstrado por resultados de qualidade num teste.

CAPÍTULO 2

REVISÃO DA LITERATURA RELACIONADA

2.1 Introdução

A revisão da literatura aborda os seguintes temas: a técnica de mapeamento mental e o desempenho dos alunos, o género e o ensino das ciências, o mapeamento mental e a atitude dos alunos e a lacuna de conhecimento que o estudo procurou colmatar.

2.2 A técnica de mapas mentais e o desempenho dos alunos

Um mapa mental é um diagrama que organiza visualmente a informação, muitas vezes criado em torno de um único conceito, com as ideias principais ligadas diretamente ao conceito central e as outras ideias ramificadas de forma hierárquica. O termo mapa mental foi popularizado pela primeira vez por um autor britânico de psicologia e personalidade televisiva, Tony Buzan, em 1974, durante uma série televisiva da BBC que apresentou. A sua ideia envolvia a utilização de diagramas que mapeiam visualmente a informação utilizando mapas radiais e ramificados. O sucesso dos alunos é um produto de um ensino e aprendizagem eficazes e de uma atitude positiva. A técnica de mapeamento mental foi estudada a nível mundial e verificou-se que tem um impacto positivo no ensino, na aprendizagem e na formação de atitudes.

2.2.1 Técnica de mapas mentais no ensino

O ensino da biologia dá ênfase a actividades práticas e mentais. Hassard (2009) enfatiza uma abordagem humanista, experimental e construtivista do ensino/aprendizagem, e a integração de uma grande variedade de ferramentas pedagógicas de aprendizagem. No entanto, Mukachi (2005) observa que as práticas de ensino utilizadas atualmente em muitas escolas são do tipo expositivo, em que o professor domina a aula, ocupando quase todo o tempo a falar, deixando pouco espaço para as actividades dos alunos. Os professores utilizam livros de texto e trabalhos anteriores nas aulas. Isto nega aos alunos uma compreensão clara dos conceitos básicos e suprime o desenvolvimento do pensamento crítico entre os alunos. De acordo com Waldron e Doherly (2009), os alunos aprendem melhor se estiverem ativamente envolvidos e se as suas actividades estiverem relacionadas com a compreensão dos conceitos científicos. Os dados recolhidos por Budd (2004) provam que o mapeamento mental envolve os alunos numa aprendizagem ativa. Em particular, os alunos com pontuações mais elevadas para um estilo de aprendizagem "fazer" beneficiaram das actividades de mapas mentais. Esta ideia está em consonância com as conclusões anteriores de Goodnough e Woods (2002), segundo as quais os mapas mentais são interessantes, motivadores e cativantes para os alunos. Os mapas mentais, sendo diagramas visuais que combinam imagens, cores e disposições visuais e espaciais, incentivam os alunos a participar ativamente nas aulas, o que leva a uma melhor compreensão dos conceitos. A técnica de mapas mentais tem sido estudada a nível mundial e tem-se revelado útil de várias formas no processo de ensino. Um estudo efectuado por Polsen (2004) provou que a utilização de mapas mentais como estratégia pedagógica conduziu a uma melhoria da aprendizagem dos alunos. O estudo também revelou que as aplicações e vantagens do mapeamento mental têm qualidades transcurriculares e podem ser potencialmente aplicadas em todas as faixas etárias e capacidades de aprendizagem. Para Boyson (2009), a utilização de mapas mentais para o planeamento de aulas pode ajudar os professores a identificar o plano lógico ou o percurso de ensino e aumentar a recordação da matéria. Isto pode aumentar a confiança do professor e facilitar o bom desenrolar da aula. Este facto está em consonância com as conclusões de um estudo realizado por Mento (1999), segundo o qual alguns executivos que utilizaram mapas mentais fizeram apresentações claras sem se atrapalharem com notas. A utilização de mapas mentais permite, portanto, que o professor faça a apresentação da aula com confiança, porque os mapas mentais fornecem uma representação única da informação para uma melhor interiorização. Goodnough e Long (2002) consideraram que os mapas mentais são uma estratégia útil para introduzir novos conceitos, para dar ênfase aos conceitos em toda a turma e para avaliar a aprendizagem. Num mapa mental, a informação é estruturada de uma forma que reflecte exatamente o funcionamento do cérebro - de uma forma radiante e não linear. O mapa mental "mapeia" uma ideia utilizando associações e estímulos que extraem e ligam a informação na cabeça a algo visível e estruturado. A maior parte da introdução das aulas nas escolas envolve uma revisão que ocorre verbalmente, em que o professor faz perguntas e os alunos respondem para ajudar a ligar a lição anterior à nova lição. Os mapas mentais permitiriam fazer a revisão de uma forma muito melhor, uma vez que a ligação visual numa apresentação colorida captaria toda a turma e melhoraria a ligação entre conceitos. Os mapas mentais não dependem de uma grande quantidade de texto escrito. Isto torna-os eficazes na elaboração de notas de síntese e de conclusões sobre um conceito ou uma lição. Os mapas mentais estimulam os alunos, envolvem-nos e permitem-lhes organizar as ideias nas suas mentes de forma a poderem recuperá-las facilmente.

No entanto, o ensino da biologia na maioria das escolas do subcondado de Hamisi não incorporou a técnica do mapa mental. As aulas são maioritariamente conduzidas através de palestras convencionais, demonstrações e, por vezes, trabalho de laboratório. Estas técnicas não têm impacto sobre os conceitos numa ligação clara que seja compreendida por todos os alunos. Muitos não conseguem compreender o conteúdo transmitido, pelo que o ensino se torna ineficaz. A técnica de mapas mentais permitiria, portanto, melhorar o ensino. A sua utilização pelos professores já devia ter sido feita há muito tempo. Este estudo investigou a perceção dos professores sobre a técnica de mapas mentais e a eficácia dos mapas mentais na transmissão de conteúdos.

2.2.2 Mapas mentais e aprendizagem

A aprendizagem ocorre quando as pessoas selecionam informação relevante, organizam-na numa estrutura coerente e interpretam-na através do que já sabem. Para Resnick (1989, p2), "a aprendizagem ocorre não pelo registo de informação, mas pela sua interpretação". Assim, para que a aprendizagem ocorra, é necessária uma compreensão profunda dos conceitos. A mente deve estruturar a informação de forma a que esta possa ser facilmente recuperada. Trawbridge (2004) afirma que a aprendizagem é melhor conseguida através do envolvimento ativo e pessoal com os materiais. Os mapas mentais podem proporcionar este objetivo. Um estudo realizado por Abi-El-Mona e Adb-El-Khalick (2008) revelou que os estudantes de ciências que utilizaram mapas mentais obtiveram ganhos substancialmente mais elevados na compreensão concetual e no raciocínio prático do que os estudantes que utilizaram técnicas de estudo convencionais. Também se verificou que o mapeamento mental envolve os alunos numa aprendizagem ativa e melhora a sua memória. Um estudo realizado por Toi (2009) demonstrou que o mapeamento mental pode ajudar as crianças a recordar palavras de forma mais eficaz do que a utilização de listas, com uma melhoria da memória de até 32%, o que está de acordo com as conclusões anteriores de Farrand, Hussain e Hennessey (2002), segundo as quais o mapeamento mental melhora em 10% a memória a longo prazo de informações factuais dos seus participantes. Os mapas mentais podem, portanto, promover a aprendizagem através da melhoria da capacidade de recordação e da memória de informação factual. A biologia é uma ciência baseada em muitos factos, ideias e conceitos que exigem uma boa memória.

De acordo com a teoria do processamento da informação de Gadne, a recuperação da informação depende da sua organização e apresentação na memória. A teoria da aprendizagem intuitiva da Gestalt indica que a aprendizagem é reforçada quando conceitos semelhantes são reunidos (semelhança) e dispostos ao lado uns dos outros (proximidade). A utilização de mapas mentais permite uma aprendizagem por semelhança e proximidade de conceitos relacionados. Os resultados de uma investigação efectuada por Al-jarf (2009) revelaram que o trabalho escrito produzido através da utilização de mapas mentais incluía mais pormenores relevantes e ideias mais bem organizadas e interligadas. A utilização de mapas mentais pode, por conseguinte, proporcionar uma aprendizagem eficaz quando utilizada com outras técnicas. No entanto, a maioria das escolas não utiliza a técnica dos mapas mentais nos processos de aprendizagem. Este facto tem negado aos estudantes a oportunidade de utilizar as caraterísticas únicas dos mapas mentais no estudo pessoal, o que encorajaria um nível mais profundo de processamento de informação para uma melhor formação da memória. Este estudo investiga o efeito da técnica de mapas mentais na aprendizagem através da observação dos resultados dos alunos nos testes de aproveitamento.

2.3 Género e educação científica

No Quénia, tanto os rapazes como as raparigas das escolas secundárias consideram os conceitos científicos difíceis de compreender. Este facto reflecte-se nas baixas pontuações obtidas pelos candidatos no KCSE (KNEC, 2013). No entanto, de acordo com Eshiwani (1983), as raparigas têm um desempenho inferior em ciências e matemática no ensino secundário. Para Trawbridge (2004), o fraco desempenho das raparigas em ciências deve-se em parte ao preconceito dos professores a favor dos rapazes. Durante muito tempo, as ciências escolares foram reservadas aos alunos do sexo masculino (Hicks, 2001). Estas conclusões foram contrariadas por estudos sobre o desempenho por género em diferentes disciplinas científicas, que indicam diferenças significativas no desempenho em várias disciplinas. Rua (2000) revelou que, ao contrário da química ou da física, as raparigas mostraram uma atitude mais positiva em relação à biologia do que os rapazes. No entanto, isto não se reflecte no desempenho por sexo no KCSE. As principais conclusões de um estudo de Wasanga (1997) revelaram que os estudantes têm uma atitude moderadamente positiva em relação às ciências. No entanto, foram encontradas diferenças no que respeita ao género, ao tipo de escola e ao género dos professores. Verificou-se que os estudantes do sexo masculino tinham uma atitude mais positiva em relação a todos os aspectos da ciência, à exceção da perceção da ciência como um domínio masculino. Alguns dos factores identificados como tendo influência na atitude das estudantes do sexo feminino incluem: a opinião de que a ciência é muito difícil, abordagens de ensino deficientes e uma atitude estereotipada em relação às carreiras relacionadas com a ciência e um baixo aproveitamento nos exames. Além disso, os estudantes do sexo masculino mostraram mais confiança na aprendizagem das ciências, o que é considerado mais útil para a motivação. Foram efectuados vários estudos para determinar se a superioridade masculina é real, mas os resultados obtidos são variados. As investigações levadas a cabo por Dawson (2000) sobre o desequilíbrio entre os sexos revelaram que a diferença entre o interesse dos rapazes e das raparigas pelas ciências físicas era grande, sendo o interesse dos rapazes por esta área muito superior ao das raparigas. Os relatórios de investigação de Jones, Howe e Rue (2000) concordam com as conclusões de Dawson, na medida em que se verificaram poucas mudanças na atitude e na perceção das raparigas e dos rapazes em relação à ciência, com os rapazes a manifestarem um maior leque de interesses científicos e de experiências com a ciência fora da escola do que as raparigas. Para outros investigadores, os professores desempenham um papel fundamental na atitude e no desempenho dos alunos numa disciplina. Mwirigi (2011) afirma que um professor que sofre de insatisfação na carreira é suscetível de contribuir negativamente para o desempenho do aluno em biologia, uma vez que o professor terá uma baixa autoestima e um elevado nível de ansiedade. Concluiu que este tipo de professor desenvolveria uma atitude negativa em relação aos alunos e, na sua interação com os alunos, seria negativo, o que pode contribuir para uma atitude negativa do aluno em relação à biologia. Um professor deve ser positivo para proporcionar uma atitude positiva aos alunos. Isto permitiria ao professor ter em conta as diferenças individuais, incluindo o género. O investigador procurou determinar se existe uma diferença no desempenho por género em ecologia quando os mapas mentais são utilizados no ensino e quando não são utilizados.

2.4 Técnica de mapeamento mental e atitude do aluno

De acordo com Nasibi (2003), a aprendizagem é afetada por uma série de factores que incluem: a inteligência do aprendente, a matéria, as atitudes do aprendente, o método de ensino e o ambiente. A autora define atitude como um conjunto mental baseado em valores e que evolui a partir da experiência e que predispõe a pessoa que o detém a responder de uma forma particular a uma pessoa, a um objeto, a uma situação ou a um acontecimento. Para Yara (2009), a atitude diz respeito a uma forma individual de pensar, agir e comportar-se. Os relatórios de investigação revelam que a atitude afecta a motivação e o desempenho. De acordo com Osborne (2003), a atitude de um estudante em relação a uma determinada disciplina pode afetar a sua motivação para se destacar. Bell (1980) afirma que o que aprendemos na escola e a forma como o aprendemos está intimamente ligado às nossas atitudes. A atitude e a matéria não são aprendidas separadamente, mas simultaneamente através de interações complexas. Por conseguinte, é importante que os professores se familiarizem com a atitude dos alunos, bem como com os factores que podem influenciar a atitude dos alunos para atingir os objectivos estabelecidos numa disciplina. A atitude dos alunos em relação à ciência tem sido investigada desde meados da década de 1960. Para muitos estudantes, a ciência é aborrecida e difícil (Ebenezer & Zoller, (1993); Delpech, (2002). No entanto, existem diferenças na atitude dos estudantes em relação às ciências físicas e biológicas. As ciências físicas recebem mais opiniões negativas do que as ciências biológicas (Ramsden, 1998). A biologia nas escolas secundárias recebe uma atitude negativa em alguns tópicos. Relatórios de investigação sobre ecologia (Gayford, 1985; Lagoke & Ochuba, 1986) revelaram que a maior parte dos estudantes e professores mostraram uma atitude negativa em relação ao trabalho de campo em ecologia, embora o trabalho de campo possa ter um forte efeito motivador nos estudantes. Ndukwe, (1988) mostrou que os professores consideram alguns conceitos de ecologia difíceis. Esta atitude resultou num baixo aproveitamento em ecologia, o que teve um impacto negativo no desempenho em biologia como disciplina, tal como revelado pelo baixo aproveitamento no KCSE.

A Biologia é uma ciência única cuja aprendizagem efectiva pode ocorrer em laboratórios, salas de aula ou mesmo no terreno. No entanto, isto exige que o aluno esteja empenhado e motivado. Sunder, (1992) sugere que o significado só pode ser formado na mente dos alunos através dos seus próprios esforços activos e não pode ser criado por outra pessoa para os alunos. Assim, os alunos não são meros receptores passivos de informação; têm de se debater com uma ideia na sua própria mente até que ela se torne significativa para eles. Assim, a participação ativa pode aumentar a aprendizagem, a compreensão e a motivação dos alunos para aprender. Os resultados de um exercício realizado na sala de aula por Budd (2004) corroboram a ideia de que os alunos estão empenhados numa aprendizagem ativa quando são utilizados mapas mentais no ensino. Os mapas mentais podem, por conseguinte, promover uma aprendizagem ativa, fomentar a motivação, aumentar a confiança e apoiar uma gama diversificada de estilos de aprendizagem e níveis de capacidade. A elaboração de mapas mentais proporcionaria uma atitude positiva necessária para um elevado desempenho em ecologia e, por conseguinte, em biologia. O investigador investigou o efeito da técnica de mapas mentais na atitude dos estudantes em relação ao tema da ecologia e à sua aplicação na aprendizagem.

CAPÍTULO 3
CONCEPÇÃO E METODOLOGIA DA INVESTIGAÇÃO

3.1 Introdução

Este capítulo é constituído por uma descrição da conceção da investigação, da área de estudo, da dimensão da amostra e do processo de amostragem, dos instrumentos de investigação, do estudo-piloto, dos procedimentos de recolha de dados e das técnicas de análise de dados adoptadas no estudo.

3.2 Conceção da investigação

O estudo adoptou um modelo quase experimental não equivalente de pré-teste e pós-teste, conforme ilustrado a seguir;

O1 X o3	Legenda: O1 e o2: Pré-testes
o2 C o4	O3 e O4: pós-testes
X Ganho = O3 -o1	X: Tratamento (incorporação de mapas mentais no ensino)
C Ganho = O4 -o2	C: Controlo (utilizando técnicas convencionais de ensino)

O investigador elaborou dois testes equivalentes em ecologia: o pré-teste de realização em biologia e o pós-teste de realização em biologia. O pré-teste de realização em biologia consistia em perguntas sobre terminologias em ecologia, fluxo de energia num ecossistema e poluição, enquanto o pós-teste de realização em ecologia consistia em perguntas sobre factores num ecossistema, população e doenças humanas. O pré-teste foi dado a todos os alunos da amostra após a conclusão dos conceitos de ecologia ensinados pelo método convencional e os resultados do teste foram registados como O1 e o2 para os grupos de tratamento e de controlo, respetivamente. Os mapas mentais sobre os componentes de um ecossistema, a população e as doenças humanas foram integrados no

A instrução para o grupo experimental, enquanto o grupo de controlo aprendeu os mesmos conceitos utilizando métodos convencionais. O pós-teste foi então administrado a ambos os grupos após a conclusão dos conceitos. Os resultados do teste foram registados como O3 e O4 para os grupos experimental e de controlo, respetivamente. O investigador calculou então os ganhos para os grupos de controlo e experimental e comparou-os para chegar à conclusão. Este modelo de investigação permitiu ao investigador comparar os resultados dos alunos quando os mapas mentais eram utilizados no ensino e quando não eram utilizados, para chegar a uma conclusão sólida.

3.3 Área de estudo

O estudo foi efectuado no sub-condado de Hamisi, situado no condado de Vihiga, na parte ocidental do país. O sub-condado de Hamisi é vizinho do sub-condado de Vihiga, do sub-condado de Sabatia, dos condados de Kisumu, Nandi e Kakamega. O subcondado tem duas divisões: Tiriki East e Tiriki West. Tem 42 escolas secundárias públicas registadas pelo Ministério da Educação, das quais oito são escolas do condado e trinta e quatro do subcondado. Das 42 escolas, um total de 39 escolas secundárias apresentaram um total de 2840 candidatos para o exame nacional de biologia no Certificado de Exames Secundários do Quénia em 2014 e obtiveram uma nota média de 4,217, que foi inferior à média geral do condado de 5,7601. Para além das escolas secundárias, o sub-condado de Hamisi é abençoado com muitas instituições de ensino que incluem: várias escolas pré-primárias e primárias, uma escola especial, um instituto técnico, uma escola de formação de professores e um campus universitário público. Todas as instituições terciárias da região dependem dos resultados das escolas secundárias. No entanto, o balanço académico do subcondado de Hamisi ainda não é impressionante.

A Biologia é uma das disciplinas que regista um baixo desempenho, contribuindo para a subutilização das instituições disponíveis. Por conseguinte, é necessário diversificar as técnicas de ensino-aprendizagem no sub-condado para melhorar a transmissão de conteúdos com vista a um melhor desempenho.

3.4 Processo de amostragem e dimensão da amostra

O estudo foi realizado entre os alunos da terceira classe e os professores de biologia que estavam presentes durante o estudo nas escolas secundárias selecionadas do subcondado de Hamisi. A nível do ensino secundário, o tema da ecologia é abordado na terceira classe e os alunos selecionaram as suas disciplinas do KCSE. A amostra consistiu em 480 alunos de biologia da terceira classe selecionados de uma população de 1 578 alunos das escolas do subcondado que tinham apresentado alunos para o KCSE em biologia nos 3 anos anteriores e doze professores de biologia que estavam envolvidos na lecionação das aulas da amostra. Isto estava de acordo com Mugenda e Mugenda (1999), segundo os quais uma amostra representativa deve ser constituída por 30% da população total. Uma lista das escolas secundárias que tinham apresentado alunos para o KCSE durante pelo menos 3 anos foi obtida do gabinete de educação do sub-condado para constituir a estrutura da amostra. As escolas foram estratificadas em escolas de condado e de subcondado, das quais foram selecionadas três das sete escolas de condado e nove das vinte e seis escolas de subcondado através do método de amostragem aleatória simples. A seleção envolveu a identificação de cada escola com um número que foi depois escrito numa folha de papel. Os papéis foram então misturados e foi escolhido um papel da mistura, um de cada vez, sem substituição, para obter o número necessário de escolas. As escolas selecionadas para a amostra foram designadas como tratamento ou controlo através do método de amostragem aleatória simples. Nas escolas com mais de um curso, foi selecionado um dos três cursos de formação através do método de amostragem aleatória simples. Por conseguinte, a amostra era constituída por alunos de um dos três ciclos em cada uma das escolas da amostra e por doze professores de biologia cujas turmas foram selecionadas. Este método de amostragem deu a cada aluno do sub-condado uma hipótese igual de ser incluído na amostra e, por conseguinte, forneceu uma amostra representativa. A amostra era a que se apresenta no quadro 3.1 abaixo.

Quadro 3.1 Tamanho da amostra para o estudo

	Categoria de escola no subcondado de Hamisi		
	Concelho	Sub-condado	total
Número de pessoas visadas escolas	7	26	33
Número total de alunos nas escolas-alvo	315	1263	1578
número de amostras escolas	3	9	12
Número de estudantes nas escolas da amostra	126	354	480

Percentagem de alunos da amostra	40.0	28.0	30.4

3.5 Instrumentos de investigação

Okuni e Temba (1997) argumentam que nenhum método único de obtenção de dados é perfeito. Utilizando Por conseguinte, recomenda-se a utilização de mais do que um método. O investigador utilizou testes de aproveitamento e questionários para recolher dados. Foram utilizados dois testes, nomeadamente: pré-teste de aproveitamento em biologia, pós-teste de aproveitamento em biologia e dois questionários diferentes, um para professores e outro para professores.

3.5.1 Pré-teste de realização em biologia

Consistia em perguntas selecionadas do teste KCSE sobre o tema da ecologia, testando a compreensão das terminologias da ecologia, o fluxo de energia nos ecossistemas e a poluição ambiental. Foi desenvolvido pelo investigador e administrado por professores selecionados para os grupos de controlo e de tratamento depois de aprenderem os referidos conceitos utilizando as técnicas convencionais para ambos os grupos. Isto permitiu ao investigador determinar o nível de desempenho dos alunos dos dois grupos quando as técnicas convencionais foram utilizadas para ensinar ecologia (ver Anexo III).

3.5.2 Pós-teste de aproveitamento em biologia

Incluía perguntas equivalentes às do pré-teste de aproveitamento em biologia para cobrir conceitos sobre: factores num ecossistema, população e doenças humanas. Foi desenvolvido pelo investigador e administrado pelos professores das disciplinas selecionadas a ambos os grupos, depois de o grupo experimental ter aprendido os conceitos utilizando mapas mentais e o grupo de controlo ter aprendido os mesmos conceitos utilizando técnicas convencionais. As observações deste teste foram utilizadas pelo investigador para comparar o desempenho entre os dois grupos. Isto permitiu ao investigador determinar o efeito da técnica de mapas mentais no desempenho dos alunos em conceitos ecológicos (ver Anexo IV).

3.5.3 Questionário dos professores

Os questionários dos professores foram aplicados aos seis professores que leccionaram as aulas experimentais. O questionário continha itens que permitiam aos inquiridos dar informações sobre os seus pontos de vista e opiniões relativamente ao efeito da técnica de mapeamento mental na apresentação das aulas, na transmissão de conteúdos e na eficácia do ensino da ecologia. Permitiu ao investigador determinar o ponto de vista e a atitude do professor de biologia relativamente à incorporação da técnica de mapeamento mental no ensino da ecologia e de outros tópicos de biologia. O questionário tinha duas secções: a secção A, para os dados demográficos, e a secção B, para os itens sobre a eficiência do ensino utilizando a técnica de mapas mentais e a atitude em relação à utilização de mapas mentais. Foram utilizados itens fechados numa escala de Likert de 5 pontos para garantir respostas específicas que permitissem ao investigador analisar com precisão os resultados (ver Anexo I).

3.5.4 Questionário aos estudantes

Os questionários dos alunos foram aplicados aos duzentos e trinta alunos da turma experimental após o tratamento. Continha perguntas sobre preferências, motivação e atitude. O questionário tinha duas secções: a secção A para dados demográficos e a secção B para informação sobre atitude, nível de motivação e expressão de preferências na aprendizagem da ecologia e de outros tópicos de biologia. Foram fornecidos itens fechados que exigiam uma resposta verdadeira ou falsa para permitir que os alunos dessem uma resposta definitiva. Os questionários permitiram ao investigador determinar a atitude e a motivação dos alunos quando a técnica de mapas mentais foi incorporada no ensino da ecologia em (ver Anexo II).

3.6 estudo-piloto

Foi realizado um estudo-piloto em duas escolas da área de estudo, mas não incluídas no estudo final, para estabelecer a validade e a fiabilidade dos instrumentos de recolha de dados antes do estudo propriamente dito. As duas escolas, uma do condado e outra do subcondado, foram selecionadas através de um método de amostragem estratificada entre as oito escolas do condado e as vinte e sete do subcondado que tinham apresentado alunos ao KCSE nos três anos anteriores. No estudo-piloto, foram utilizados dois professores e oitenta alunos. O estudo-piloto foi realizado em internatos para minimizar a interação entre os alunos do estudo-piloto e os restantes alunos do sub-condado. Isto permitiu ao investigador ajustar os instrumentos em conformidade para um trabalho eficiente.

3.6.1 Validade dos instrumentos

A validade refere-se ao grau em que o instrumento de recolha de dados mede o que é suposto medir para um determinado fim e para um determinado grupo (Gay, 1981). O investigador centrou-se na validade de face e de conteúdo. O investigador abordou a validade de conteúdo através da construção de itens que abordavam a aquisição de conhecimentos, a atitude e a recomendação para abordar os objectivos do estudo. Foram também consultados peritos no domínio do ensino da biologia do departamento de ensino da matemática e das ciências da Universidade Masinde Muliro de Ciência e Tecnologia para estabelecer a validade de face e de conteúdo em relação aos objectivos definidos para o estudo. As suas opiniões e os resultados do estudo-piloto foram utilizados na revisão dos itens do teste e do questionário.

3.6.2 Fiabilidade dos instrumentos

A fiabilidade refere-se ao grau em que um instrumento mede de forma consistente o que se destina a medir. Avalia a medida em que uma medida reflecte alguns aspectos constantes de pessoas ou acontecimentos e erros aleatórios (Doley, 1995). O investigador utilizou a técnica da metade dividida para estabelecer a fiabilidade dos questionários dos estudantes. Os questionários dos alunos foram numerados e depois administrados aos alunos de biologia da terceira classe, ensinados utilizando os mapas mentais nas escolas-piloto. Foram depois divididos em dois grupos: um com números ímpares e outro com números pares. Os questionários dos professores também foram aplicados aos professores envolvidos no estudo-piloto. Foi efectuado o cálculo do coeficiente de correlação momento-produto de Pearson para determinar a existência e a magnitude da relação entre os dois grupos. Foram obtidos valores de coeficiente de 0,96 e 0,89 para os questionários dos professores e dos alunos, respetivamente, confirmando que os questionários eram suficientemente fiáveis para serem utilizados no estudo (Borg, 2007)

3.7 Procedimentos de recolha de dados

Para recolher os dados, o investigador obteve uma autorização de investigação do Conselho Nacional para a Ciência, Tecnologia e Inovação através da Escola de Estudos Graduados da Universidade de Ciência e Tecnologia Masinde Muliro. Em seguida, o investigador dirigiu-se ao responsável pela educação do subcondado de Hamisi, a fim de obter autorização para realizar a investigação nas escolas secundárias selecionadas na zona. O pré-teste de aproveitamento em biologia foi administrado pelos professores das disciplinas selecionadas nas escolas da amostra à população da amostra, de acordo com as orientações fornecidas pelo investigador. Os professores da disciplina, coordenados pelo investigador, corrigiram o teste e registaram as classificações. O pós-teste de aproveitamento em biologia foi também aplicado e corrigido pelos professores das disciplinas selecionadas após o tratamento, sob a orientação do investigador, e as classificações foram registadas. A distribuição e a recolha dos questionários foram efectuadas pelo investigador com a ajuda de assistentes de investigação. Os questionários foram recolhidos para análise no mesmo dia em que foram entregues para garantir uma taxa de retorno máxima. Obteve-se uma taxa de retorno de 79% e 100% para os questionários dos alunos e dos professores, respetivamente. Esta taxa foi considerada suficiente para a análise.

3.8 Análise de dados

O estudo gerou dados qualitativos e quantitativos que o investigador analisou de forma descritiva e inferencial. Os dados obtidos foram categorizados de acordo com os objectivos do estudo, codificados para facilitar a contagem e o cálculo, e depois introduzidos no pacote estatístico informático para as ciências sociais (SPSS). A estatística descritiva incluiu a média e o desvio padrão para resumir os dados e comunicar de forma significativa a informação gerada. A análise inferencial envolveu o cálculo de uma estatística t. Isto permitiu ao investigador testar as hipóteses e tirar conclusões sólidas com base nos resultados.

3.9 Considerações éticas

O investigador tomou nota das questões éticas que são importantes na investigação. Foi pedida autorização para a investigação à Comissão Nacional para a Ciência, Tecnologia e Inovação antes de os dados serem recolhidos. O investigador assegurou que os inquiridos fossem informados da utilização pretendida dos dados e que a confidencialidade das suas respostas fosse assegurada. Os nomes dos inquiridos não foram escritos nos questionários e nos guiões dos testes de realização para garantir o anonimato dos inquiridos. Por conseguinte, o investigador assegurou-se de que foi obtido o consentimento informado dos participantes e de que a confidencialidade das respostas foi garantida durante todo o estudo.

CAPÍTULO 4

APRESENTAÇÃO, ANÁLISE, INTERPRETAÇÃO E DISCUSSÃO DOS DADOS

4.1 Introdução

Este capítulo apresenta os resultados do estudo. É apresentada e discutida uma análise geral dos dados gerados pelos inquiridos. O investigador recorreu a tabelas, quadros, figuras e gráficos para resumir os resultados, tendo também utilizado outras fontes de estudos relacionados para apoiar os resultados. Os resultados da investigação são apresentados em conformidade com os objectivos que orientaram o estudo.

4.2 Taxa de resposta

O estudo teve como alvo 480 dos 1.578 alunos da terceira classe do subcondado de Hamisi e doze professores de biologia nas escolas da amostra. Foram efectuados exames de pré-teste e pós-teste aos 480 alunos das escolas da amostra antes e depois do tratamento. Um total de 436 alunos presentes fez o pré-teste, o que equivale a 91%, enquanto um total de 424 alunos presentes fez o pós-teste, o que equivale a 88% da população da amostra. Os questionários dos professores foram aplicados aos seis professores das turmas experimentais. Todos os seis questionários foram recolhidos, com uma taxa de retorno de 100%. Os questionários dos alunos foram aplicados aos 230 alunos das turmas experimentais, dos quais 182 foram devolvidos. Este número corresponde a 79% do número esperado (ver quadro 4.1).

Quadro 4.1: Percentagem de resposta aos instrumentos de recolha de dados

Ferramenta	População da amostra	Devolvido	%
Pré-teste	480	436	91
Pós-teste	480	424	88
Questionário do professor	6	6	100
Questionário do aluno	230	182	79

Fonte: Investigador

De acordo com Kothari (2005) e Berchy (1991), uma taxa de resposta superior a 50% constitui uma base fiável para a análise de dados em qualquer investigação. Os dados recebidos dos instrumentos utilizados foram, por conseguinte, considerados adequados para análise.

4.3 Caraterísticas demográficas dos inquiridos

Os dados procurados incluíam o género dos alunos dos grupos de tratamento e de controlo. A população da amostra era constituída por 480 alunos, dos quais 266 (55,41%) eram rapazes e 214 (44,41%) eram raparigas. O grupo experimental tinha 124 rapazes e 106 raparigas, equivalentes a 53% e 47%, respetivamente, enquanto o grupo de controlo tinha 142 rapazes e 108 raparigas, equivalentes a 56% e 44%, respetivamente. A análise do género dos alunos foi resumida na tabela 4.2,

Quadro 4.2: Género dos inquiridos na população da amostra

Grupo	Masculino	Feminino
Experimental	124	106
Controlo	142	108
Total	266	214
%	55.41	44.58

A tabela 4.2 mostra que ambos os géneros estavam representados de forma quase igual no estudo (55% e 45%).

4.4 : Qualificação académica dos professores

As qualificações dos professores envolvidos no estudo eram as seguintes: dois tinham mestrados, oito tinham bacharelatos e dois tinham diplomas. Os professores da população da amostra eram todos formados e, portanto, qualificados, como mostra a figura 4.1.

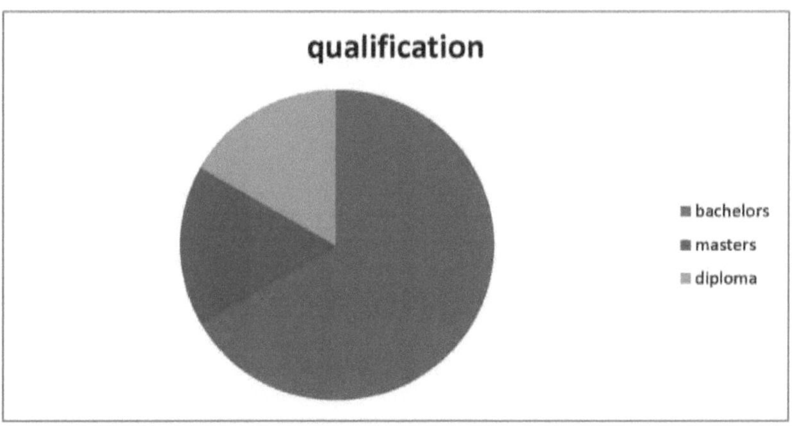

Figura 4.1 Qualificação dos professores das turmas experimentais.

De acordo com Kalupe (2010), a qualificação académica de um professor determina a sua capacidade de dar instruções. A razão pela qual os alunos têm um fraco aproveitamento em biologia no KCSE em Hamisi Sub County continua a ser um mistério, para além do facto de os professores serem altamente qualificados.

4.5 Resultados dos alunos em conceitos de ecologia

Os alunos das turmas experimentais e de controlo foram submetidos a um pré-teste e a um pós-teste de desempenho em ecologia e as pontuações obtidas foram registadas. A análise das pontuações revelou a seguinte informação, resumida na tabela 4.3.

Quadro 4.3 Resultados dos alunos nos testes de biologia

Pontuações	Pré-teste		Pós-teste	
	Experimental	**Controlo**	**Experimental**	**Controlo**
1-5	52	55	5	52
6-10	71	72	15	70
11-15	55	59	41	55
16-20	22	23	48	24
21-25	10	10	59	9
26-30	14	3	42	4
Total	214	222	210	214
Média	10.01	10.00	20.33	10.62
Padrão desvio	6.175	5.935	15.053	11.040

A tabela 4.3 mostra que o grupo experimental obteve uma média de 10,01 no pré-teste e de 20,33 no pós-teste, o que se traduziu em 33% e 67% da pontuação esperada, respetivamente. O desvio padrão obtido foi de 6,175 e 15,053 para o grupo experimental no pré-teste e no pós-teste, respetivamente. O grupo de controlo obteve uma média de 10,00 no pré-teste e de 10,62 no pós-teste, o que se traduziu em 33% e 35%, respetivamente. O desvio padrão para este grupo no pré-teste e no pós-teste foi de 5,935 e 11,040, respetivamente. Houve, portanto, uma diferença média (ganho) de 10,32 e 0,62 para os grupos experimental e de controlo, respetivamente, o que indica um ganho mais elevado no grupo experimental em comparação com o grupo de controlo. A técnica de mapas mentais pode, portanto, ter melhorado a pontuação dos alunos em 34%. No pós-teste, a diferença média entre os grupos experimental e de controlo foi de 9,71, o que se traduziu em 32%.

O investigador tentou determinar se a diferença média obtida era significativa ou não, determinando o valor P num teste t para amostras independentes, utilizando o programa informático SPSS, com um nível de significância de 0,05. O resultado obtido no computador é apresentado no quadro 4.4.

Tabela 4.4 Resultado: teste t de amostras independentes sobre os resultados do pré-teste e do pós-teste.

Estatísticas do grupo					
	TRATAMENTO EFECTUADO	N	Média	Std. Desvio padrão	Std. Erro' Média
PONTUAÇÕES ANTES	EXPERIMENTAL	214	10.01	6.175	.422
	CONTROLO	221	990	5.793	390
PONTUAÇÃO APÓS	EXPERIMENTAL	210	20.33	15 053	1.039
	CONTROLO	214	10.62	11.040	.755

Teste de amostras independentes										
		Teste de Levene para igualdade de variâncias		Teste t para a equidade das médias						
		F	Sig	t	df	Sig (bicaudal)	Diferença média	Erro Std. Diferença ence	Intervalo de confiança de 95% da diferença	
									Inferior	Superior
PONTOS ANTES	Pressupostos de desvios iguais	.331	.566	.190	433	.849	.109	.574	-1019	1.237
	Não se pressupõe a existência de desvios iguais			.190	429.054	.850	.109	.574	-1.020	1.238
PONTUAÇÃO APÓS	Pressupostos de desvios iguais	.283	.595	7.585	422	OOI	9.712	1.280	7.195	12.228
	Não se pressupõe a existência de desvios iguais			7.564	383.131	OOI	9.712	1.284	7.187	12.236

O valor p obtido foi de 0,001, o que é inferior ao nível alfa estabelecido (a=0,05). A diferença média foi, portanto, significativa. A hipótese nula HO1, segundo a qual: "Não há diferença significativa nas classificações do teste de realização em ecologia entre os alunos ensinados com a técnica de mapas mentais e os alunos ensinados com técnicas convencionais", foi rejeitada e a hipótese alternativa foi aceite. Concluiu-se, portanto, que existe uma diferença significativa nas classificações do teste de realização em ecologia entre os alunos ensinados com a técnica de mapas mentais e os alunos ensinados com outras técnicas convencionais. Estes resultados da investigação estão de acordo com os resultados recolhidos por Budd (2004), segundo os quais o mapeamento mental envolve os alunos numa aprendizagem ativa, promovendo a compreensão dos conceitos. Trawbridge (2004) afirma que a aprendizagem é melhor conseguida através do envolvimento ativo e pessoal com os materiais.

Por conseguinte, os mapas mentais promoveram a aprendizagem através do envolvimento dos alunos e melhoraram a recordação da informação factual, o que permitiu verificar a diferença média significativa entre os grupos experimental e de controlo no exame pós-teste. Isto implicava que a utilização de mapas mentais no ensino era uma forma eficaz de garantir que os alunos retinham totalmente os conhecimentos aprendidos em conceitos de ecologia que eram facilmente aplicados durante o exame, com um subsequente efeito excelente na avaliação. Ao utilizar mapas mentais, os alunos conseguiram sintetizar o conteúdo, o que corresponde às ordens mais elevadas de aprendizagem no que respeita à taxonomia de Blooms. Por conseguinte, a utilização de mapas mentais favorece positivamente o desenvolvimento cognitivo dos alunos.

4.6 Desempenho dos alunos por género

O investigador fez uma análise mais aprofundada dos resultados do pré-teste e do pós-teste do grupo experimental para determinar o desempenho dos alunos por género em relação à técnica de mapas mentais. Os resultados foram os apresentados na tabela 4.7.

Quadro 4.5 Resultados dos alunos por género

	Pré-teste		Pós-teste	
Marcas	Masculino	Feminino	Masculino	Feminino
1-5	27	25	3	02
6-10	38	33	6	09

11-15	25	30	24	17
16-20	14	08	28	20
21-25	05	05	28	31
26-30	03	01	22	20
Total	112	102	111	99
Meios	10.28	9.70	21.55	18.86
8	6.43	5.88	19.40	6.61

Um total de 214 alunos, composto por 112 rapazes e 102 raparigas, participou no pré-teste, enquanto um total de 210 alunos, composto por 111 rapazes e 99 raparigas, participou nos exames pós-teste. No pré-teste, os rapazes e as raparigas obtiveram uma média de 10,28 e 9,70, respetivamente, e no pós-teste, os rapazes e as raparigas obtiveram uma média de 21,55 e 18,86, respetivamente. Foram observadas diferenças médias de 0,58 e 2,69 entre os rapazes e as raparigas nas classificações do pré-teste e do pós-teste, respetivamente. Os rapazes tiveram uma diferença média de 11,27, enquanto as raparigas tiveram uma diferença média de 9,16 entre as pontuações do pré-teste e do pós-teste. Estes resultados indicam claramente que houve uma melhoria de 38% e 32% para rapazes e raparigas, respetivamente. Os números indicam uma melhoria significativa para ambos os géneros. Os resultados discordam das conclusões de Eshiwani (1983), segundo as quais as raparigas têm um desempenho inferior em ciências e matemática a nível do ensino secundário. Foi efectuada uma análise mais aprofundada para determinar se a diferença entre as médias era significativa, através da realização de um teste t para amostras independentes utilizando o programa informático SPSS. O resultado foi o indicado no quadro 4.8

Quadro 4.6 Resultado: teste t de amostras independentes sobre as classificações do pré-teste e do pós-teste, por género

Estatísticas do grupo					
	MACHO/ FEMININO	N	Média	Desvio Std. Desvio	Erro Std. Média
PONTOS BE-FORE	MACHO	112	10 28	6.426	.597
	FEMININO	102	9.70	5.881	594
PONTUAÇÃO APÓS	MACHO	111	21.55	19.395	1.809
	FEMININO	99	18.86	6.605	.678

Teste de amostras independentes										
		Teste de Levene para Igualdade de Vari origens		Teste t para igualdade de médias						
		F	Sig.	t	df	Sig. (2 caudas)	Média Diferença ence	Erro Std. Diferença	Intervalo de confiança de 95% de a diferença	
									Inferior	Superior
PONTOS ANTES	Pressupostos de desvios iguais	1.019	.314	.674	212	.501	.572	.848	-1.100	2.244
	Não se pressupõe a existência de desvios iguais			.679	210.626	.498	.572	.842	-1.088	2 232
PONTOS DEPOIS	Pressupostos de desvios iguais	1.085	.299	1.288	208	.199	2.685	2.084	-1.423	6.793
	Não se pressupõe a existência de desvios iguais			1.390	144.798	.167	2.685	1.931	-1.133	6.502

Obteve-se um valor p de 0,167. Este valor é superior ao valor alfa de 0,05 estabelecido. Foi aceite a hipótese nula HO2 de que não há diferença significativa no desempenho por género no teste de realização em ecologia quando se utiliza a técnica de mapas mentais em comparação com a utilização das técnicas convencionais. Por conseguinte, a técnica é adequada para ambos os géneros. Toi (2009) concluiu que o mapeamento mental pode ajudar as crianças a recordar palavras de forma mais eficaz do que a utilização de listas e pode melhorar a memória até 32%. A teoria do processamento da informação de Gagne afirma que a recuperação da informação depende da sua organização e apresentação na memória. Assim, os mapas mentais proporcionaram uma organização e recuperação eficazes da informação para ambos os géneros.

4.7 A técnica de mapas mentais e a atitude dos alunos em relação à ecologia e à aprendizagem

As perguntas do questionário que abordavam caraterísticas-chave sobre o efeito da técnica de mapas mentais na aprendizagem da ecologia foram isoladas e as respostas dos estudantes a esses itens foram analisadas. A partir dos resultados, noventa e dois por cento (92%) dos alunos concordaram que os mapas mentais melhoraram a sua memória dos conceitos de ecologia, noventa e cinco por cento (95%) dos alunos concordaram que os mapas mentais tornaram o tópico da ecologia interessante, enquanto oitenta e um por cento (81%) dos alunos eram a favor da utilização da técnica de mapas mentais em ecologia e biologia como disciplina. O estudo também revelou que oitenta e oito por cento (88%) dos estudantes concordaram que os Mapas Mentais lhes permitiram compreender facilmente a ecologia, enquanto noventa e três por cento (93%) concordaram que os Mapas Mentais lhes permitiram rever facilmente os seus apontamentos de ecologia.

No entanto, os resultados do estudo indicam claramente que a técnica de mapas mentais não era utilizada nas escolas secundárias de Hamisi. Um elevado número de alunos (98%) respondeu negativamente à utilização prévia de mapas mentais em Biologia (ver tabela 4.5 e figura 4.2)

Quadro 4.7 Resumo das respostas dos alunos aos itens do questionário

Área	Verdadeiro	Falso	%Verdadeiro	%Falso
Utilização prévia de mapas mentais	5	177	02	98
Facilitou a compreensão	161	21	88	12
Facilitou a revisão	171	11	93	07
Útil para estudo pessoal	153	29	84	16

Memória melhorada de conceitos	169	13	92	08
Tornou a ecologia interessante	173	9	95	05
Útil na aprendizagem da ecologia	148	34	81	19

Num histograma em que as frequências foram representadas no eixo vertical, os resultados foram os ilustrados na figura 4.2

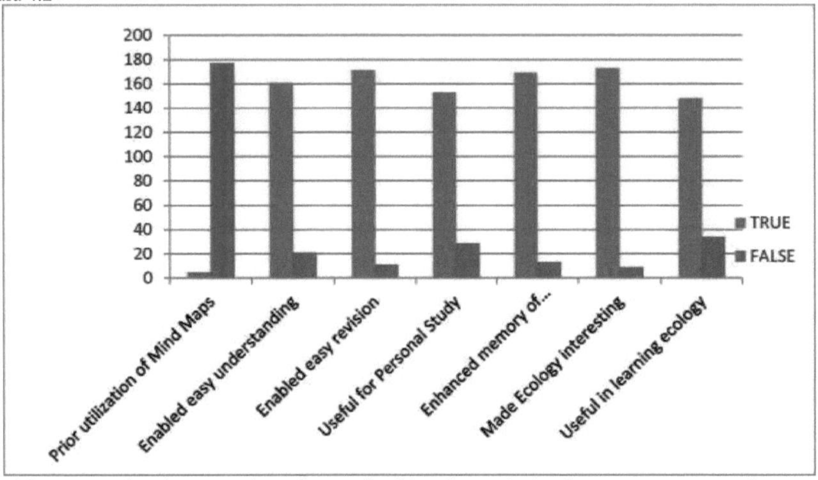

Figura 4.2 respostas dos alunos aos itens do questionário sobre a técnica de mapeamento mental

A partir da figura 4.2, pode ver-se que a maioria dos estudantes considerou a técnica de mapas mentais útil para a aprendizagem efectiva dos conceitos de ecologia. Uma elevada percentagem de estudantes reconheceu que a técnica de mapas mentais lhes permitiu rever facilmente os seus apontamentos, fazer um estudo pessoal e, por conseguinte, compreender facilmente os conceitos de ecologia. Os estudantes também concordaram que o mapeamento mental tornou a aprendizagem da ecologia interessante e melhorou a sua memória dos conceitos de ecologia. A partir das percentagens, pode concluir-se que houve uma atitude positiva por parte dos estudantes relativamente à utilização da técnica de mapas mentais na aprendizagem de conceitos de ecologia. Osborne (2003) afirma que a atitude de um estudante em relação a uma determinada disciplina pode afetar a sua motivação para se destacar. Os resultados do estudo estão em consonância com os resultados de Goodnough e Woods (2002), segundo os quais os participantes nos seus estudos consideravam o Mapeamento Mental divertido, interessante e motivador para os alunos.

4.8 Perceção dos professores sobre a técnica de mapas mentais

O investigador procurou conhecer a opinião dos professores sobre a técnica de mapas mentais nos seguintes domínios: utilização dos mapas mentais, apresentação das aulas, envolvimento dos alunos e recomendação.

Os resultados foram os apresentados na tabela 4.8 abaixo.

Quadro 4.8 Perceção dos professores sobre as técnicas de mapas mentais

Área	Concordar	Não concordo	% Concordo	% Discordam
Utilização prévia	1	5	17	83
Apresentação da aula	4	2	67	33
Envolvimento dos estudantes	6	0	100	0
Recomendação	6	0	100	0

Fonte: Investigador

A tabela mostra que 83% dos professores concordam que o mapeamento mental tem recebido pouca atenção, apesar da sua potencialidade para tornar o ensino eficaz.

RESUMO, CONCLUSÕES E RECOMENDAÇÕES

Introdução

Este capítulo centra-se no resumo das conclusões retiradas com base nos resultados. O capítulo apresenta também recomendações e sugestões para estudos futuros.

Resumo das conclusões

O resumo dos resultados é apresentado em conformidade com os objectivos da investigação.

A técnica de mapas mentais e o desempenho dos alunos

O grupo experimental apresentou uma diferença média de 10,32 entre o pré-teste e o pós-teste, enquanto o grupo de controlo obteve uma diferença média de 0,62. Isto traduziu-se numa melhoria de 34% e 2% para os grupos experimental e de controlo, respetivamente. No pós-teste, a diferença média entre os grupos experimental e de controlo foi de 9,71, o que se traduziu em 32%. Um teste t para amostras independentes revelou um valor p de 0,001, inferior ao valor alfa de 0,05 estabelecido, o que indica uma diferença significativa entre as pontuações médias dos grupos experimental e de controlo. A hipótese nula HO1, segundo a qual não existe uma diferença significativa nas classificações do teste de realização em ecologia entre os alunos ensinados utilizando a técnica de mapas mentais e os alunos ensinados utilizando técnicas convencionais, foi, por conseguinte, rejeitada.

Desempenho dos alunos por género

Os resultados do estudo indicam que os alunos do sexo masculino registaram uma melhoria de 11,27, enquanto as alunas registaram uma melhoria de 9,16. Isto traduziu-se em 38% e 32% para os alunos do sexo masculino e feminino, respetivamente. Estes resultados indicam uma melhoria tanto para os rapazes como para as raparigas. No pré-teste, a diferença média entre rapazes e raparigas foi de 0,58, enquanto no pós-teste a diferença média foi de 2,69. Uma análise do teste t de amostras independentes no programa de computador SPSS produziu um valor de p de 0,167. Este valor foi superior ao valor alfa de 0,005 definido, indicando que não houve diferença no desempenho dos alunos por género quando foram utilizados mapas mentais. Foi aceite a hipótese nula HO2 de que não existe uma diferença significativa entre os géneros no desempenho no teste de realização em ecologia quando é utilizada a técnica de mapas mentais em comparação com a utilização de técnicas convencionais.

Atitude dos alunos face à utilização da técnica de mapas mentais em ecologia

Os resultados do estudo revelaram que os estudantes consideraram a ecologia interessante e fácil de compreender quando a técnica de mapas mentais foi utilizada no processo de ensino/aprendizagem. Consideraram-na útil para o estudo pessoal, para a revisão de conceitos aprendidos e para a recordação de conceitos de ecologia. A maioria dos alunos era a favor da utilização da técnica de mapas mentais na aprendizagem da ecologia. No entanto, houve indicações claras de que o mapeamento mental não é utilizado nas escolas secundárias do sub-condado de Hamisi, como revelado pelo baixo número (2%) de alunos que concordaram que tinham utilizado anteriormente o mapeamento mental na aprendizagem (ver quadro 5.3). Por conseguinte, o mapeamento mental melhorou a atitude dos alunos relativamente à aprendizagem de conceitos de ecologia.

Implicações dos resultados

Os alunos do grupo experimental obtiveram resultados mais elevados no pós-teste do que no pré-teste. Os alunos do grupo de controlo tiveram um desempenho no pós-teste semelhante ao do pré-teste. Isto indica que a técnica de Mapeamento Mental melhorou a pontuação dos alunos em ecologia. Por conseguinte, os professores de biologia devem utilizar a técnica de mapas mentais e as instituições de formação de professores devem incluí-la nos conteúdos curriculares da sua formação.

Conclusão.

Os alunos que utilizaram mapas mentais obtiveram classificações mais elevadas no pós-teste, em comparação com os alunos que utilizaram as técnicas convencionais. A técnica de mapas mentais produziu uma diferença significativa no desempenho dos alunos entre os alunos ensinados com a técnica de mapas mentais e os alunos ensinados com as técnicas convencionais. Por conseguinte, o mapeamento mental melhorou o desempenho dos alunos em ecologia. Verificou-se um desvio positivo nas classificações dos testes, tanto para rapazes como para raparigas, quando se utilizou o mapeamento mental. No entanto, a técnica não produziu uma diferença significativa no desempenho entre rapazes e raparigas nas classificações dos testes de ecologia. O mapeamento mental é, portanto, eficaz para ambos os géneros na aprendizagem da ecologia. Os estudantes consideraram a ecologia interessante e fácil de compreender quando foram utilizados mapas mentais. Consideraram os mapas mentais úteis para o estudo pessoal, a revisão e a recordação de conceitos de ecologia. Assim, foi criada no aluno uma atitude positiva em relação ao tema da ecologia. Por conseguinte, a técnica de mapas mentais melhorou o desempenho e a atitude dos alunos em relação ao tema da ecologia, tanto para os rapazes como para as raparigas.

A utilização da técnica de mapeamento mental gere eficazmente o conhecimento, afinando a aprendizagem e o processo de avaliação que invoca a ordem de pensamento elevado do estudante. Esta ligação na aprendizagem subsequentemente melhora o ambiente do estudante. Com a utilização de mapas mentais, os alunos conseguiram sintetizar o conteúdo que ressoa com a ordem mais elevada de aprendizagem no que respeita à taxonomia de Blooms. Por conseguinte, a utilização de mapas mentais promoveu positivamente o desenvolvimento cognitivo dos alunos, bem como a sua aptidão afectiva sobre o tema da ecologia. O desenho de mapas mentais é adequado para criar uma ligação saudável no ensino de conceitos que atravessam outras disciplinas na escola. Isto permitiria uma compreensão alargada do conhecimento em tópicos inter-relacionados. A cartografia mental como técnica de ensino e aprendizagem é pouco utilizada nas escolas secundárias públicas. Esta prática exige um controlo rigoroso da criatividade do aluno.

Recomendações

As conclusões deste estudo sugerem que a técnica de mapas mentais pode ser uma abordagem eficaz para melhorar o desempenho dos estudantes na aprendizagem da ecologia em biologia. Com base nestas conclusões, são propostas as seguintes recomendações:

- As instituições de formação de professores precisam de incorporar o mapeamento mental como uma técnica valiosa no processo de ensino-aprendizagem. A formação deve ser concebida para produzir professores capazes de construir e utilizar mapas mentais.
- Deve ser realizada uma formação em serviço para os professores em exercício, a fim de os sensibilizar para o valor e a utilização da técnica de mapas mentais para enriquecer a sua pedagogia.
- As autoridades educativas devem incentivar os professores de biologia a construir, orientar os alunos na construção e utilizar mapas mentais no processo de ensino/aprendizagem.

Sugestões para estudos futuros

Os resultados do estudo indicam que a técnica de mapas mentais é eficaz para melhorar o desempenho e a motivação dos alunos na aprendizagem de conceitos de ecologia na disciplina de biologia do ensino secundário. No entanto, há áreas que justificam uma investigação mais aprofundada.

Entre estas contam-se as seguintes;

- Estudos que envolvam mais tópicos de biologia ou outras disciplinas científicas para determinar se a técnica de mapeamento mental é aplicável para além do estudo da ecologia.
- Estudos que envolvam amostras de maior dimensão em termos de escolas, alunos e professores participantes para confirmar se as presentes conclusões são ou não válidas.
- Um estudo comparativo entre escolas do mesmo sexo e escolas mistas para determinar se as conclusões se aplicam às duas categorias de escolas.

REFERÊNCIAS

Achoki, J.M. (2004). *Investigação sobre a utilização de recursos no ensino da biologia no ensino secundário no distrito norte de Kisii, Quénia.* Tese de mestrado não publicada apresentada à Universidade Kenyatta, Quénia

Adeniyi, E.O. (1985). Conceitos errados de conceitos ecológicos selecionados detidos por alguns estudantes nigerianos. *Jornal de Educação Biológica,* 19(4), 311-316

Al-Jarf, R. (2009). *Enhancing Freshman students' Writing Skills with Mind mapping software.* Comunicação apresentada na 5.ª Conferência Científica Internacional, eLearning e Software para a Educação, Bucareste, abril de 2009.

Abimbola, I.O. (1998). As percepções dos professores sobre conteúdos importantes e difíceis de Biologia. *Jornal de Educação Funcional 1(1) 10, 12*

Ausubel, D. (1963). *The psychology of meaningful verbal Learning,* Nova Iorque; Grune e Stratton

Bell, B. & Cowie, B. (2001). *Formative Assessment and Science Education,* Países Baixos: Kluwer Academic Publishers

Boyson, G. (2009). 'The Use of Mind Mapping in Teaching and Learning', *The Learning Institute,* Assignment

Briggs, J. (1999). Enhancing teaching through constructive alignment, Higher Education, vol32: pg. 347-364

Budd J.W. (2004). 'Mind maps as classroom exercises'. *The journal of economic education,* vol.35, pg.35-49

Buzan, T. & Buzan, B. (1994). O livro dos mapas mentais, Como usar o pensamento radiante para minimizar o potencial inexplorado do seu cérebro

Cain, M. E. (2002). *Utilização de mapas mentais para elevar os padrões de literacia, melhorar a confiança e incentivar atitudes positivas em relação à aprendizagem.* Estudo realizado na Escola Primária Comunitária de Newchurch, Warrington.

Chimoita E. L.(2014). Compreensão dos alunos do ensino secundário sobre o fluxo de energia nos ecossistemas. *Revista de Ciências Sociais e Humanas. Vol 1, número 28.*

Dawson, C. (2000). Interesses dos rapazes e raparigas do ensino primário superior pela ciência: terão mudado desde 1980? *Revista Internacional de Educação Científica, 22(6), 557-570.*

D'Antoni, A. V. & Pinto Zipp, G. (2005). Aplicações da Técnica de Aprendizagem de Mapas Mentais na Educação Quiroprática. *Journal of Chiropractic Education,* 19:534.

Abi-El-Mona, I. & Adb-El-Khalid, F. (2008). *A influência do mapeamento mental no desempenho científico dos alunos do oitavo ano.* Ciências e Matemática na Escola

Farrand, P., Hussain, F. & Hennessy E. (2002). The efficacy of the 'mind map' study technique. *Educação Médica,* Vol. 36 (5), pp. 426-431.

Gadne, R.M. & Briggs (1979). Principles of instructional design Nova Iorque: Holt. Rinehalt e Windform

Gardner, P.L. (1975). Attitude to science: A review. Studies in science education, vol. 2 pg1-41

Goodnough, K. & Long, R. (2002). 'Mind Mapping: A Graphic Organizer for the Pedagogical Toolbox" (Um Organizador Gráfico para a Caixa de Ferramentas Pedagógica). *Science Scope,* Vol. 25, No. 8, pp. 20-24.

Goodnough, K. & Woods, R. (2002). 'Percepções de alunos e professores sobre o mapeamento mental: A Middle School Case Study". Documento apresentado na Reunião Anual da Associação Americana de Investigação Educacional, Nova Orleães, 1 a 5 de abril de 2002.

Goulding. (2002). Será que é importante? Conhecimento da matéria em matemática pelos formandos do ensino primário
em matemática, *British Educational Research Journal,* vol.28 pg., 89-704

Gravaso, R.S. Pasa, A. E., Labra, J. B. & Mori, T. (2008). Design e uso de materiais instrucionais para a aprendizagem centrada no aluno: Um caso de aprendizagem de conceitos ecológicos. Investigação educacional na Ásia-Pacífico, 17:109-120.

Ralph N. & Hershenson (1973). The psychology of visual perception. Nova Iorque: Holt, Rinehart and Winston 1973.

Hassand, J.C. (2009). A arte de ensinar ciências; investigação e inovação no ensino básico e secundário. Nova Iorque. Oxford University Press

Holland, B., Holland, L. & Davies, J. (2003/2004). 'An investigation into the concept of Mind Mapping and the use of Mind Mapping software to support and improve student Academic Performance', *Learning and Teaching Projects 2003/2004*, pp. 89-94.
Hopkins, D. (2002). Teacher research as a basic for staff development, *Journal of biological education, vol.4 pg.119-123*
Conselho Nacional de Exames do Quénia (2014). "The year 2013 examination candidate report", impressoras do governo, Nairobi
Kiboss, J.K. (1999). Efeito relativo das instruções baseadas em computador em física na atitude e motivação dos alunos e na compreensão da medição e perceção do ambiente da sala de aula. Tese de doutoramento não publicada apresentada na Universidade de Western Cape: Bellville.
Conselho Nacional de Exames do Quénia (2006). Relatório dos candidatos ao exame do ano de 2005. Nairobi: Imprensa do KNEC.
Conselho Nacional de Exames do Quénia, (2005). Relatório dos candidatos ao exame do ano de 2004. Nairobi: Imprensa do KNEC.
Makgato, M & Mji, A. (2006). Factores associados ao mau desempenho dos alunos do ensino secundário: um olhar sobre a matemática e as ciências físicas. *A Journal of European molecular biology, vol. 7 pg. 463-468*
Mento, A. J., Martinelli, P. &Jones R. M. (1999). Mapeamento mental na educação executiva: Applications and Outcomes. *The Journal of Management Development*, Vol. 18, Issue 4
Ministério da Educação (2005). Kenya Education Setor Support Programme 2005-2010; Delivering Quality Education and training to all Kenyans, Ministério da Educação, Ciência e Tecnologia. Nairobi.
Mugenda, O. & Mugenda, A. (1999). Research methods: Quantitative and Qualitative Approach, Nairobi, Acts press publishers.
Mukachi, F.W. (2005). *Até que ponto a competência de investigação do processo científico é utilizada no trabalho prático de Biologia.* Tese de mestrado não publicada apresentada à Moi University Eldoret, Quénia
Nasibi, M.W. (2003). Instructional methods; General methods for teaching across the curriculum: Nairobi. Strongwall Africa.
Okuni, A. & Tembe, J.H. (1997). Reforço das capacidades de investigação no domínio da educação em East
África: Perspectivas empíricas sobre a metodologia de investigação qualitativa. Bona
Osborne, J. Simon, S. & Collins, S. (2003). Atitudes em relação à ciência: uma revisão da literatura e suas implicações. *International Journal of Science Education* vol.25, pg.1049-1079.
Ozkan, O., Tekkaya, C. & Geban,O. (2004). Facilitar a mudança concetual na compreensão dos conceitos ecológicos pelos alunos. Journal *of science education and technology*.pg 13:95-105.
Piaget, J. (1929). A conceção da criança. London. Routledge and Kegan, Press.
Polsen, k. (2003/2004). Como é que os alunos e os professores vêem a utilização de mapas mentais na aprendizagem e no ensino. Programa de investigação de professores do G.T.C. Escócia
Posner G.J. (1982). Accommodation of a scientific conception: Towards a theory of concetual change, science education.
Resnick, M & Kafai, (1996). Constituição na prática; Conceber, pensar e aprender num mundo digital
Sander, E., Jelemenska, P. & Kattmann, U. (2006). Para uma melhor compreensão da ecologia. *Journal of biological education*, vol.4 pg. 110-123.
Shachak, M. (1979). Ensinar o conceito de Ecossistemas desérticos, *Revista Europeia de Educação Científica* Vol.4 pg.379-96
Projeto SMASSE em serviço (2003). Recursos e instalações para o ensino e aprendizagem da biologia. Nairobi. MOEST, JICA.
Sotto, E. (1994). Quando o ensino se torna aprendizagem, uma teoria e uma prática do ensino, Londres: Continuum.
Toi, H. (2009). *Investigação sobre como o Mind Map melhora a memória.* Trabalho apresentado na Conferência Internacional sobre o Pensamento, Kuala Lumpur, 22 a 26 de junho de 2009.
Trowbridge, L.W. (2000). *Teaching Secondary school science, upper saddle river.* N.J.: Merrill
Tunniclife, pavol, & Prokop (2009). A biologia é aborrecida? A atitude dos alunos em relação à

biologia
Ugulu, I., Aydin, H. Yorek, N. &Dogan, Y., (2008). The impact of Endemism concept on Environmental Attitudes of secondary school students (O impacto do conceito de endemismo nas atitudes ambientais dos estudantes do ensino secundário). *Natura montenegrina, Podgorica,* vol.7 pg. 165-173.
Waldron, I. & Doherty, J. (2009). Teaching Biology to High School or Middle School Students, .iwaldron@sas.openn.edu.retrieved recuperado em 17/10/2009.
Wekesa, E.K, (2003). *Efeitos de um módulo CBI nos resultados dos alunos, perceção do ambiente da sala de aula e atitudes em relação à divisão celular na biologia do ensino secundário.* Tese de mestrado não publicada, Universidade de Egerton, Njoro, Quénia.
WAEC (2000). Relatório dos examinadores principais. Lagos, Nigéria.
Relatório de Investigação WAEC, WAEC (1998-2004). Lagos, Nigéria:
Yara, P.O. (2009). Relação entre o desempenho académico dos professores e dos alunos em matemática em algumas escolas secundárias selecionadas no sul da Nigéria. *Revista Europeia de Ciências Sociais,* Vol.2 pg.3.

APÊNDICE 1

QUESTIONÁRIO PARA PROFESSORES

Para ser preenchido pelos professores que utilizaram a técnica de mapas mentais

SECTION A: DADOS PESSOAIS

1) Género masculino ( ) feminino ( )
2) Qualificações profissionais Diploma ( ) Licenciatura em Educação ( ) PGDE ( )

   Mestrado ( ) Doutoramento ( ) outros ( )

Se outros, especificar...

3) Há quanto tempo é professor?.....................................
4) Há quanto tempo lecciona na escola atual? ...

SECTION B: UTILIZAÇÃO DE MAPAS MENTAIS

INSTRUÇÕES

1) Isto **NÃO** é um teste e não há uma resposta **CERTA** ou **ERRADA**.
2) Dê uma resposta honesta a cada uma das perguntas abaixo
3) Assinale (V) apenas uma das respostas dadas
4) As opções de letras dadas denotam as seguintes respostas;

   SA- Concordo totalmente A-Concordo U-Indeciso D-Discordo SD- **Fortemente** Discordar

PERGUNTAS	RESPOSTAS				
	SA	A	U	D	SD
1. utilizo mapas mentais em todas as minhas aulas de biologia					
2 - Por vezes utilizo mapas mentais para ensinar biologia					
3. utilizo mapas mentais para alguns tópicos de biologia					
4. Os mapas mentais permitiram-me ensinar ecologia de forma eficiente.					
5. Os mapas mentais permitiram-me introduzir facilmente a lição.					
6. os mapas mentais permitiram-me organizar as minhas aulas					
7. Os mapas mentais permitiram-me recordar facilmente os conceitos.					
8. Os mapas mentais facilitaram o desenvolvimento das minhas aulas.					

9. Os mapas mentais tornaram-me mais confiante na apresentação das aulas.					
10. Os mapas mentais tornaram a minha conclusão efectiva.					
11. Gostei de ensinar utilizando mapas mentais.					
12. Os mapas mentais envolveram os meus alunos de todos os níveis de aprendizagem na minha turma.					
13. Os mapas mentais melhoraram a participação dos meus alunos na aula					
14. Os mapas mentais devem ser utilizados no ensino da ecologia.					
15. Os mapas mentais melhoraram a atenção dos meus alunos na aula.					
16. Os mapas mentais melhoraram a nota dos meus alunos em biologia.					
17. Os mapas mentais devem ser utilizados noutros tópicos					
18. os mapas mentais devem ser utilizados noutras disciplinas					
19. os mapas mentais são úteis no ensino da biologia					
20. Os mapas mentais devem ser sempre utilizados nas aulas de biologia					

APÊNDICE 2: QUESTIONÁRIO PARA ESTUDANTES

A ser preenchido pelos alunos ensinados utilizando mapas mentais preparados pelo investigador.

SECTION A: DADOS PESSOAIS.

Género masculino ( ) feminino ( )

SECTION B: UTILIZAÇÃO DE MAPAS MENTAIS

INSTRUÇÕES

1. Isto **NÃO** é um teste e não há uma resposta **CERTA** ou **ERRADA**
2. Dar uma resposta honesta, tanto quanto possível
3. Assinale (V) apenas uma das respostas dadas
4. As opções de letras dadas denotam as seguintes respostas;

T -Verdadeiro F -Falso

PERGUNTAS	RESPOSTAS	
	T	F
1. Desde o primeiro ano que me ensinam biologia utilizando mapas mentais		
2. Já me ensinaram alguns temas de biologia utilizando mapas mentais		
3. Aprendo outras matérias utilizando mapas mentais		
4. Os mapas mentais tornaram a ecologia fácil de compreender		
5. Os mapas mentais tornaram a ecologia interessante		
6. os mapas mentais facilitaram a compreensão das notas de ecologia		
7. Os mapas mentais facilitaram a minha revisão		
8. Os mapas mentais permitiram-me recordar facilmente os conceitos de ecologia		

9. os mapas mentais permitiram-me tomar notas resumidas facilmente		
10. os mapas mentais permitiram-me preparar facilmente notas pessoais		
11. Os mapas mentais permitiram-me relacionar facilmente os conceitos de biologia		
12. Gostaria de utilizar mapas mentais em biologia.		
13. Gostaria de utilizar os mapas mentais que preparei		
14. os mapas mentais melhoraram a minha nota em biologia		
15. os mapas mentais devem ser utilizados noutros tópicos de biologia		
16. os mapas mentais devem ser utilizados noutras disciplinas		
17. os mapas mentais devem ser preparados pelos professores		
18. Os mapas mentais são interessantes de utilizar		
19. os mapas mentais não devem ser utilizados em biologia		
20. os mapas mentais devem ser sempre utilizados em biologia		

APÊNDICE 3 : PRÉ-TESTE DE REALIZAÇÃO EM BIOLOGIA

ADM. ESCOLAR NÃO............................GÉNERO..................

TÓPICO: ECOLOGIA

INSTRUÇÕES

Responde a todas as perguntas nos espaços indicados.

1. O que se entende por?

i) Autecologia (1mk)

ii) Nicho ecológico (1mk)

iii) Capacidade de carga (1mk)

2) a) Distinguir entre pirâmide de números e pirâmide de biomassa (2mks)

b) i)o que é uma cadeia alimentar (1mk)

(ii) Apresente três processos pelos quais a energia se perde à medida que é transferida de um nível trófico para outro numa cadeia alimentar. (3mks)

4) (a) O que é uma teia alimentar? (1mk)

(b) O diagrama abaixo representa uma teia alimentar num determinado ecossistema

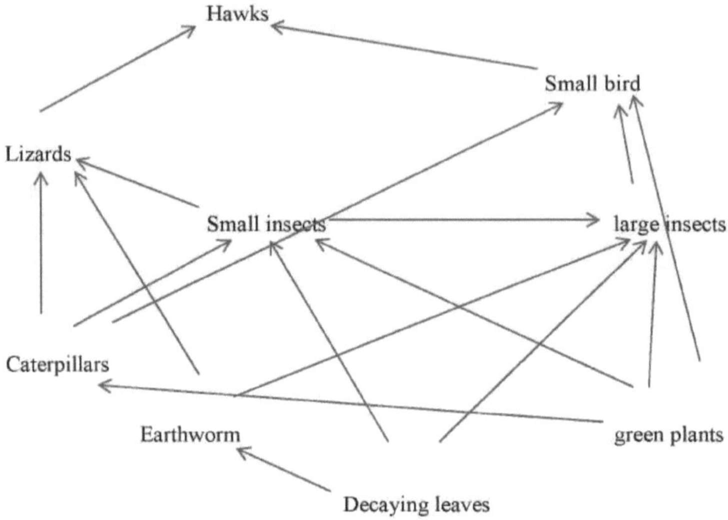

Indique o nível trófico ocupado por cada um dos seguintes organismos:

i) Lagartas (1mk)

ii) Pequenos insectos (2mk)

c) A partir da teia alimentar acima, construa duas cadeias alimentares que terminem com Gaviões como consumidores terciários. (2mks)

d) i) Que organismo tem a menor biomassa neste ecossistema (1mks)
ii) Explique a resposta dada em c (i) acima (1mk)
5) Descrever o fluxo de energia do sol através dos diferentes níveis tróficos numa ecossistema. (5mks)
6) a) Indique três fontes de poluição da água (3mks)
b) Identifique um efeito de cada uma das causas mencionadas em 6(a) acima (3mks)
c) Com um exemplo, explique o significado do termo "controlo biológico" tal como utilizado em biologia (2mks)

APÊNDICE 4 : PÓS-TESTE DE REALIZAÇÃO EM BIOLOGIA

ADM. ESCOLAR NÃO.....................GÉNERO.........................

TÓPICO: ECOLOGIA

INSTRUÇÕES

Responde a todas as perguntas nos espaços indicados

1. Definir os seguintes termos

a) Concorrência (1mk)

b) Ecossistema (1mk)

c) População (1mk)

2) . a) Distinguir entre componentes bióticos e abióticos num ecosistema (2mks)

b) Explique como quaisquer dois factores abióticos afectam os organismos num ecosistema (5mks)

3) .a) Indique um método que possa ser utilizado para estimar o tamanho da população dos seguintes organismos

(i) Peixes numa lagoa (1mk)

(ii) Black jack num jardim (1mk)

b) Descreva como se pode estimar a população de gafanhotos numa determinada área. (5mks)
c) Indique duas precauções que devem ser observadas no método descrito em 3(a) acima (2mks)

4) a) Refira o nome do organismo que é o agente causador das seguintes doenças: (3mks)

(i) Tifoide:

(ii) Malária:

(iii) Disenteria amebiana:

b)) Explique três formas de adaptação *do Ascaris lumbricoides* à sua vida parasitária.

(3mks)

c) A malária continua a ser uma doença mortal no Quénia, apesar dos esforços do governo para a erradicar ele. Explicar (5mks)

APÊNDICE 5 ESTIMATIVA ORÇAMENTAL

Quadro 3.1 Orçamento estimado para a investigação

ITEM	DESCRIÇÃO	CUSTO	CUSTO TOTAL
Estacionário	Computador portátil	50,000=	
	Impressora	10,000=	80,000=
	Acessórios para computador	15,000=	
	Materiais de escrita	5,000=	
Transporte e alojamento	Serviço de biblioteca	10,000=	
	Recolha de dados	25,000=	45,000=
	Assistentes de investigação(4)	10,000=	
Ajudas de custo e subsídios	Investigador e		

	Assistência à investigação	40,000=	40,000=
Contingências		16,500=	16,500=
Total geral			181,500=

APÊNDICE 6 CALENDÁRIO DA INVESTIGAÇÃO

Este calendário prevê um plano de trabalho elaborado e planeado pelo investigador para a conclusão do estudo.

Quadro 3.2Projecto de plano de tempo

Atividade	Tempo	Parte da resposta	Resultados esperados	Pressuposto
Elaboração de uma proposta de investigação	setembro 2014 - março de 2015	Investigador	Uma proposta de investigação completa	O tema foi aceite como passível de investigação.
Defesa de uma proposta de investigação	abril de 2015	Investigador em consulta com os supervisores.	Aceitação da proposta pelo serviço	Está convocada uma sessão para a defesa
Amostragem Estudo-piloto	maio de 2015	Investigador Assistentes de investigação	Quadro de amostragem Instrumentos pré-testados	Cooperativa de escolas-piloto identificadas.
Recolha de dados	junho de 2015	Investigador Assistentes de investigação Professores das disciplinas	Dados em bruto	Cooperação das escolas incluídas na amostra e dos inquiridos
Análise de dados	julho de 2015	investigador	Projeto de relatório	Disponibilidade de ferramentas de análise de dados
Redação de relatórios de investigação	Ago-Dez .2015	investigador	Conclusão do primeiro projeto de tese	Disponibilidade dos supervisores
Apresentação do relatório	janeiro 2016	investigador	Relatório de tese	O painel é convocado

APÊNDICE 7: EXEMPLO DE MAPA MENTAL

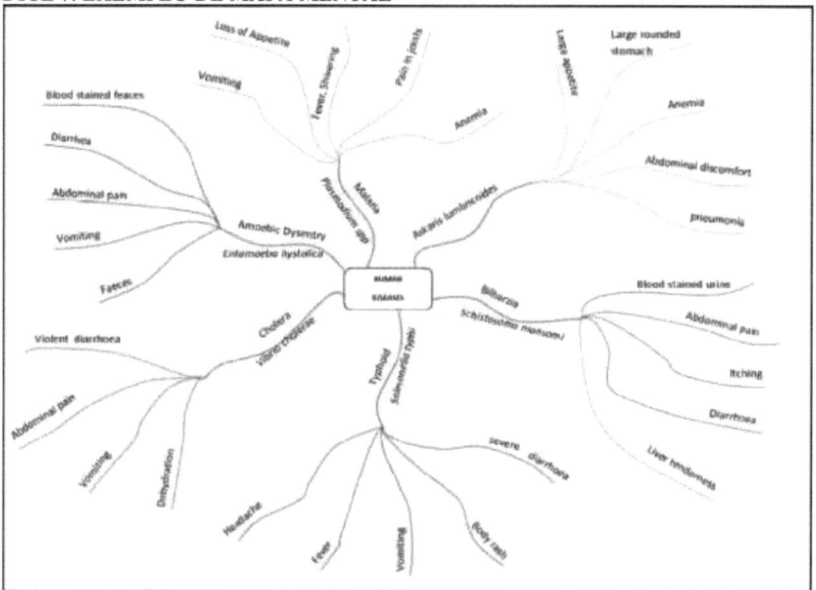

APÊNDICE 8: AUTORIZAÇÃO DE INVESTIGAÇÃO

THIS IS TO CERTIFY THAT:
MS. ALICE M. NABIE
of MASINDE MULIRO UNIVERSITY OF SCIENCE AND TECHNOLOGY, 0-50308 SEREM,has been permitted to conduct research in *Vihiga County*

on the topic: *MIND MAPPING TECHNIQUE AND ITS EFFECT ON ACHIEVEMENT IN ECOLOGY CONCEPTS AMONG SECONDARY SCHOOL STUDENTS IN HAMISI SUB COUNTY KENYA*

for the period ending:
14th December,2016

Permit No : NACOSTI/P/15/56319/8705
Date Of Issue : 15th December,2015
Fee Recieved :Ksh 1,000

....
Applicant's Signature

....
Director General
National Commission for Science, Technology & Innovation

APÊNDICE 9: MAPA DO SUB-CONDADO DE HAMISI

MIX
Papier aus verantwortungsvollen Quellen
Paper from responsible sources
FSC® C105338

Printed by Books on Demand GmbH, Norderstedt / Germany